学校給食の役割と課題を内側から明かす

全国初の「給食・食育振興財団」（東京都武蔵野市）の紹介も

東京都武蔵野市給食・食育振興財団理事長
日本獣医生命科学大教授

佐々木 輝雄

筑波書房

はじめに

学校給食の状況をそのまま内側の視点からお伝えしよう

本書によって学校給食の全貌が分かるようになろう。

多くの人が分かったつもりの学校給食が、本書によって「そうだったのか！」となるように心がけて執筆したつもりである。

学校給食が良いものであれば、教育にもかなりの好影響を及ぼすはずである。

それどころか学校給食のあり方は、健康と教育の側面から日本の将来を決することと断言したい。

さて多くの人々にとって「遠い存在」となっている調理場や給食関係者の役割は、筆者が属している武蔵野市（東京都）と幾つかの自治体の調査から描き出している。

武蔵野市は日本初の「給食・食育振興財団」に衣替えして、「子どもたちのためにより良い給食と食育を」との理念を共有して前進している。とは言え、武蔵野市を中心に据えたのは先進的だからというのではない。あるべき学校給食の姿に向かって、職員の多くが忠実かつ献身的だからである。

武蔵野市より優れた側面を有する地域・自治体は数多く存在している。一方、どうしてこうなるのか？　と問いたくなるような給食現場も多い。

とにかく、全体として給食界が前進できるように、また良い地域と遅れているところの格差が縮まるようにと願いながら本書を著してみた。
学校給食は地域の自治のあり方で良くできる分野なのである。すなわち住民の願いを反映することができる分野なのである。本書が大いに役立つことを願っている。

学校給食の役割の大きさは多くの人の想像を超えている

学校給食が優れていることの第一は「栄養のバランス」を重視していることである。
栄養バランスを整えるためには、多くの食材を使用することになる。そうすると好き嫌いの問題が生じやすい。ところが家庭では嫌いな食材でも、給食では食せている場合も多いのである。
好き嫌いによる偏食の是正、これも学校給食の見逃せないメリットである。
給食は学校での楽しみの大きな部分を担っている。
子どもが、クラスの皆と同じものを一緒に食せるから良いのである。ところが、このことを正しく把握できている保護者はそれほど多いわけではない。
また保護者にとっても、学校給食によって思案と手間と時間から解放されることの恩恵は大きい。
もっとも、子どもの食事づくりを他人に任せて「ありがたい」とは言いにくいことであろうが、働くお母さんにとっては時間が足りないのである。このことは経験がなければ分からない、といっても過言ではない。
さらに、学校給食は食事の提供のみならず、給食メニューや栄養および食材の知識など、様々な役に立つ情報も与えてくれる。また、1年間に数度は試食会や料理教室の開催や食育に関する講演会等の案内もあろう。
弁当や惣菜のコンビニがあり外食店が多いといっても、冷静に考えてみるならば、学校給食ほど親身になって子供たちに食を準備してくれるところはないのである。

多くの人は学校給食に係わる人びとの仕事の現場を知らない

全国どこでも身近にある学校給食の調理場であるが、見学したことのある人は稀である。

給食づくりの現場を知らないのであるから、学校給食の表面しか理解し得ないのである。これが筆者にとっては大変残念に思えるのである。なぜなら学校給食の現場をある程度知れば、子どもと食を起点にした会話が進もうし、家族の食生活や子どもの学習に活用できるからである。

本書で明らかにしているように、学校給食は「よりよく食する」ための基本的な場である。学校給食とのつながりを強めることは、子どもの健康や学習さらには家庭生活に役立つのみならず、地域や国家のあり方にも寄与する可能性が大きくなる。

地場産野菜等の利用量を増やしていけば地産地消や食料自給率の向上に寄与するし、これが農地の維持に役立ち教育上の体験や防災空間として、次々と貴重な役割が浮上してくる。

これらのことも本書の「給食の社会的役割」（Ⅳ）で解説している。

まずは給食の現場に関心を寄せよう。それが栄養士、調理員、配膳員、運送員など、給食に関わる人々の頑張りを喚起することになり、子どもの食や食育の向上に反映されてくる。

学校給食づくりは他分野の調理員にはできない「専門職」によること

学校給食づくりは修行を積んだ者の専門職によることと言わざるを得ない。

その理由をいくつか指摘してみよう。

給食のメニューは文部科学省から提示されている「栄養所要量」を満たさなければならない。

しかも給食を待ちわびる子どもたちの数は数百人から数千人というのが普通である。

この膨大な数の給食を、毎日しかも数時間で確実に作らなければならない。

したがって扱う器具の大きさは巨大となり、大きなヘラでかき回すだけでも素人には無理となる。

朝は早く、下ごしらえは忙しく、夏は40度近くの暑さ、冬は底冷えの寒さに耐えなければならない。

怖いのは食中毒で、文科省からの「衛生マニュアル」の細目に忠実に従った施設と作業工程でなければならない。

忙しさは給食をつくる時だけではない。今日の調理が終われば、午後には明日の打ち合わせがあり、準備は1カ月後までの計画を念頭に置いて進めていかなければならない。

このように、学校給食づくりの仕事はレストランやファーストフードの諸作業とは根本的に違うのである。

学校給食は国家を支えているのである

近年では、家庭での一家団欒(だんらん)は難しくなり、食生活も崩れてきている。

このことは、「食生活指針」(2000〔平成12〕年)や「食育基本法」(2005〔平成17〕年)の内容にも反映されている。

食育を大切にするところに人材が育つ。

これは歴史の経緯が示唆するところであるが、子どもの栄養や食農教育を重要視することは地域発展のための優先事項である。地域の活性化や国家の食料自給率と学校給食が連動しているといえば驚く方も少なくないであろう。

改めて強調しなければならないのは、地産地消の先陣を切っているのは学校給食なのである。

都市部における避難空間を守っているのも学校給食であるというと、にわかに信じがたいことになろう。しかし、これが事実なのである。

農家とのよい関係を築いてきているのも学校給食の関係者なのである。都市部においては、大地震等からの火災を止められるのは農地しかない。この農地を維持しているのが農家で、彼らの農産物を給食で利用して、農家とよい関係を構築しているのが学校給食の関係者なのである。

地産地消といえば、安全と鮮度と低コストを同時実現する供給の切り札であり、人生を左右するほど重要な体験学習を可能にする流通方法である。

農業・農家の大切さと役割を、身近に伝えられるのも学校給食なのである。

学校給食には心配なことも多い

１年を通して心配なのは食中毒である。

暑くなれば細菌性食中毒が発生しやすくなるし、寒くなるとノロウイルスの脅威にさらされる。

食材の安全性を確保するのも大変である。

成長途上の子どもたちには是が非でもよい食材の給食を提供したい。産地が遠くなれば心配も大きくなる。生産者と会って栽培方法の確認ができる距離がよい。ここに地産地消を進めるべき根拠がある。

食物アレルギーを心配しなければならない子どもたちが増加している。

近年では、食物アレルギー対応はもはや特別なことではなくなってきている。過ちを起こさない対応には、組織の中の分担に「意思の共有化」と「チェック機能」を組み込まなければならない。

食物アレルギーで急ぐべきことは、給食の時だけの問題ではなく、幾つかの教科の授業の中でも全児童・生徒がこれを学べる対象にしなければならない。これらのことは本書のⅤで説明してある。

学校給食のあり方については、まだまだ工夫の余地がたくさんある。もう少し認識が高まれば当たり前のことになろうが、多くの場合、そこまでは届いていないというのが現実なのである。

民間委託が進行中である。心配がさらに高まりつつある
～武蔵野市の「給食・食育振興財団」を紹介しよう～

全国的に調理作業の民間委託が進行中である。学校給食は教育の要（かなめ）であり、一方で民間委託の進行にブレーキが掛からない。

民間委託が悪いというのではないが、利潤追求を大前提に掲げれば、先に

記した心配事のどれもがさらに気になってくる。

民間委託の他に、より優れた学校給食の運営方法はないのであろうか？

ここで読者に紹介したい事例がある。

学校給食の財団法人化である。全国どこにでもある学校給食課を財団法人に切り替えて、食の分野の専門家に役員を担当してもらい、全職員あげての給食改善に取り組む事例である。

それは東京都武蔵野市の「給食・食育振興財団」である。

給食のみならず地産地消をベースにおいた食育の充実も目標に掲げる財団としてスタートを切っている。

なぜこの財団がスタートすることになったのか、どのような経緯からここに辿り着いたのか、これも本書のⅦで紹介しよう。

学校給食の運営における新しい参考事例として取り上げて頂ければ幸いである。

学校給食に関連する心配事はまだまだ残されている。それらは「おわりに」で披露することにする。

本書を通して「教育の場に給食があった」、「学校給食の役割は社会的である」ことの認識を深めて、「学校給食をもっと活用しよう」との想いが強まれば、著者としてこれ以上の喜びはない。

2014年12月24日

著者

学校給食の役割と課題を内側から明かす
～全国初の「給食・食育振興財団」（武蔵野市）の紹介も～
目　次

I 学校給食の現場へ案内しよう

1 給食づくりの１日

(1) 調理場の忙しさ

学校給食づくりには「戦い」のような時間帯がある。

「戦い」とはいっても相手がいるわけではない。規模が大きいから、気合を入れて取り組まないと時間までに出来上がらないのである。急いでいる時に、気を抜くと思わぬケガを負ってしまう。

素材を活かしたよい給食を、約４時間あるいは運送時間のかかる調理場ではもっと短時間でつくらなければならない。ミスがあれば大勢の子どもたちの食事や授業時間を短縮させてしまう。

このように給食づくりには、調理員が自分との勝負という場面を何度か勝ち続ける宿命を背負わされている。これが連日繰り返されるのである。

給食職員にとっての緊張は早朝から始まる。

例えば、早朝、時間通りに食材は届くだろうか？

届いても品質に違いはないであろうか？

今日も、打ち合わせ通りに全行程を進行させられるだろうか？

遅れてしまえば、良い評価は望めない。子どもたちへの給食を、食べる作業のようにしてしまう。

今日もトラブルなく、子どもたちの笑顔で締めくくれるだろうか。……

調理員や運搬職員のケガも心配なことである。

学校給食となると児童・生徒の人数が多い。

例えば350人の児童数の小学校に付設されている調理場でも、総勢５～６人ほどの調理員で作らなければならない。複数の学校のための共同調理場では3,000人や4,000人分の給食作りというのは普通のことである。それを学校ごとに100kg以上のコンテナにして運ぶために、トラックを介した積み下ろし作業にリスクが伴う。

事故は急いでいるときに発生する。だから計画通りに作業を進めるための打ち合わせが欠かせない。

(2) 調理員の人数に基準がある

調理員の人数も、生徒数の規模に対して何人という「配置基準」というのがある。

したがって、大規模調理場だから職員が多いということはない。児童・生徒数が1,300人を超えると、そこからの人数増加に対しては500人ごとに１人の職員を増員という配置基準があるのである。だから、基準通りでは人手が足りなくなるというケースが出てくる。

調理員の忙しさはメニューによっても異なる。

野菜や果物の大きさ、形状は届けられるまで分からない。届けられた実物を見て、どの方法で下準備をするか、これまでの経験で決めていく。近隣農家による「地場産もの」は安心と鮮度は確保できるが、大きさや形状では規格外でも受け入れているところが多い。調理員もわきまえていて、早めに準備に入るのだが、予定通りに進行できなければ、つい包丁を握る手に力が入り過ぎてケガをする確率が高くなる。

また、調理器具がすべて大型であるから、マニュアル通りにやらなければ大けがを負うということもある。

調理の全工程において、仕事は大量で重たくしかも急がなければならない。調理が済んでからは運送や配膳員の手を経て、教室の給食当番に引き継がれていくのであるが、食器の回収作業が終わり、苦情やトラブルはなかったという報告を耳にするまで職員の心は休まらない。

学校給食に携わる者は、児童や生徒たちを自分の子どもあるいは家族と思っている。

その子どもや家族が「おいしい！」と喜んで食している姿を思い浮かべるから、夏の調理場の40℃、冬の早朝の寒さにも耐えられるのであろう。

(3) 調理場の様子を描写しよう

読者を調理場へ案内する要領で、調理員の仕事を描写してみよう。

掲載されている写真の対象は東京都武蔵野市であり、小学校に付設した「単独（自校）方式」の調理場である。

まず給食づくりの作業の流れであるが、おおよそ次のようになっている。

〔検収・検品→下処理（食材の下洗いなど）→準調理（食材切り）→本調

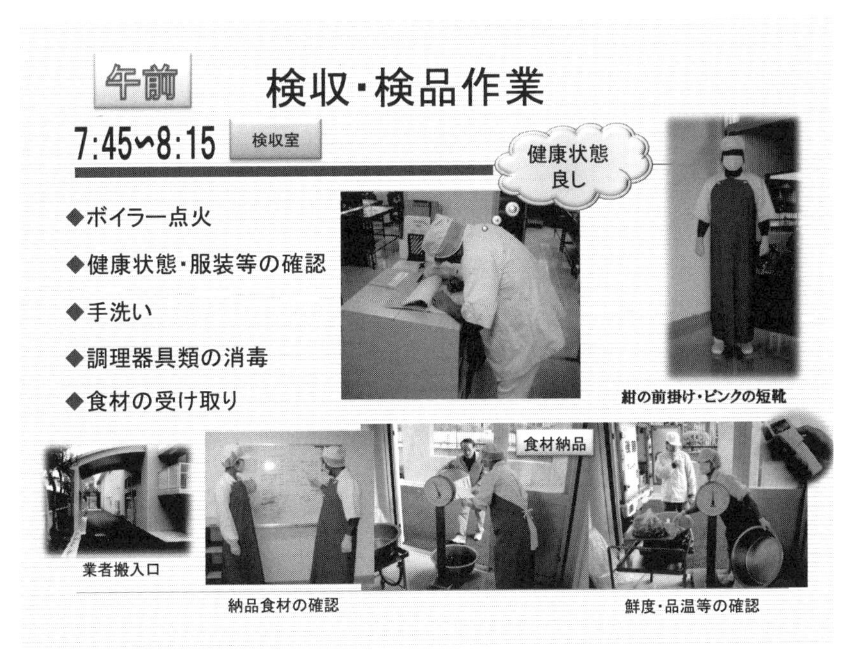

(東京都武蔵野市「一般財団法人　武蔵野市給食・食育振興財団」業務統括・研修担当主任　伊藤栄治氏撮影。この節は以下も同じ。)

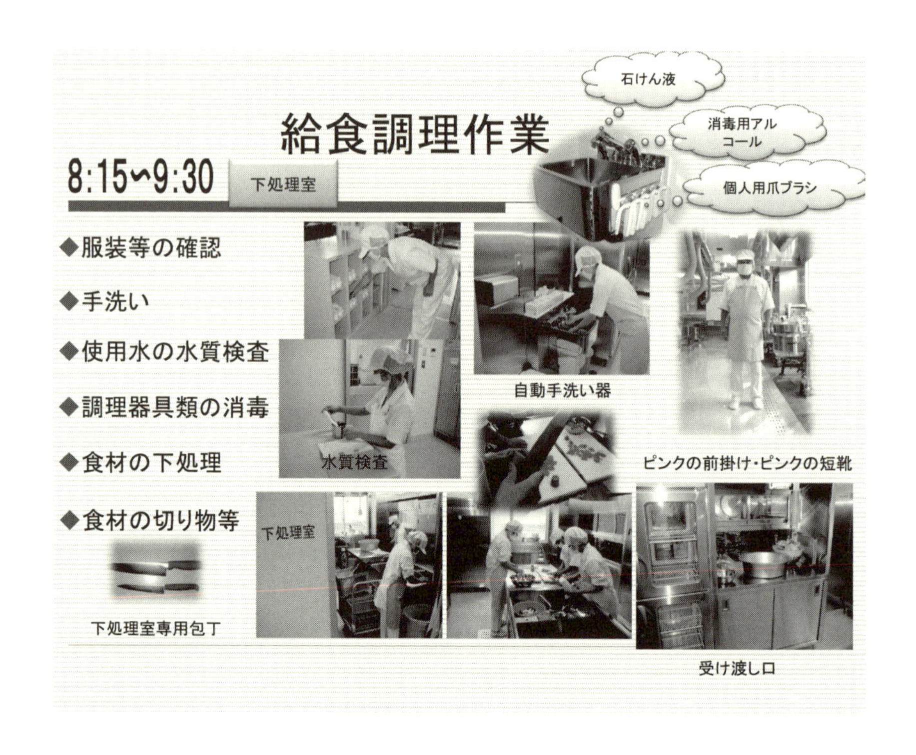

理→配食→配膳〕

ここでの「検収・検品」とは食材や調味料などを外部から受け入れ、チェックすることである。

この作業は午前７時45分頃から開始され、調理場における１日の慌(あわ)ただしさのスタートとなる。

衛生管理はすでにこのスタートから始まっている。

例えば野菜と肉・魚・卵・調味料とでは入り口を別にする。食材の移動や処理作業の時は「汚染区域」の内と外のルールを確実に守らなければならない。

野菜の場合でいえば、農家が搬入するときには泥がついているから、これを落とさなければならない。その作業は汚染区域内と決まっており、しっかり確実に行ってから切り込みをする「準調理」に送らなければならない。

ジャガイモであっても同じであり、芽が出ていればそれも汚染区域内で処理してしまう。

汚染区域の内と外では、職員の前掛けや靴も異なり、多くは色分けして管理している。

先の「準調理」とは、本調理すなわち食材に熱を通し味付けする前の段階の作業である。

野菜類にしても肉や魚にしても、ほとんど手切り作業になる。この時はすでに調理工程に入っているのであるから、衛生管理のマニュアルに沿って食材の置く場所や移動コースが決められている。食材や調理途中品を「とりあえずチョットここへ」というようなことは、給食の現場では行わないように訓練されている。

次に「本調理」においてであるが、ここにおいて給食ならではの留意点は時間調整である。

11:00〜12:00

◆計量・配食

受け渡し口（調理室側）

12:00〜

◆クラス配送

受け渡し口（配膳室側）

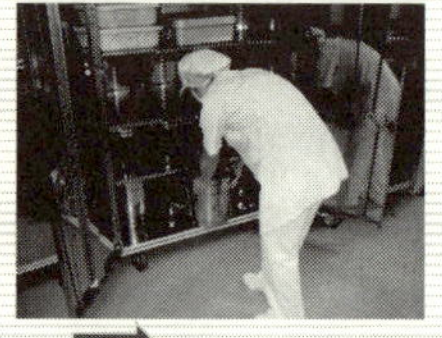

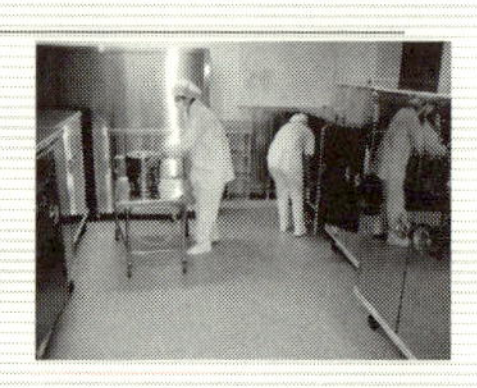

学年別コンテナに収納し、各クラスまで配送します〜

調理場が付設している単独校の場合では、遠距離移動がないから「保温食缶」を使わない。児童に温かく食してもらうためには、単独校調理場の場合は午前11時30分に配食ができるように仕上げるのが通例である。

したがって、炊飯器にスイッチを入れる時間も決まっている。

炊きあげて、蒸らして、よく混ぜてというこの一連の作業は、午前10時から11時30分の間と決まっている。このように表すとかえって簡単なようにも思えるが、とにかく量が多いので家庭での炊飯の作業量をイメージするわけにはいかない。

(4) 短時間で作りあげる給食づくりの工夫

給食づくりはチームワークを活かさなければならない。

そのためには、各自の腕の良さに加えて「分業とリレー」による効率性を最大限に引き出さなければならない。

翌日献立の打ち合わせ

13:00～13:30

◆献立打ち合わせ

汚染されたくない食材と、汚染する可能性のある食材や器具などが交差し、二次汚染を引き起こすことがないように、明確な動線を示すための打ち合わせを行う。

作業手順は
どうする！

（内容）

- 食材の取り扱いや作業の流れ
- 食器具類の取り扱い
- 調理従事者の衛生管理
- 衛生管理の情報提供

活発な意見交換を行います

実例をもとにして説明していよう。

まず早朝に検収・検品を２人が担当する。その直後の作業は洗いであるが、汚染区域のことであるからこの２人がやってしまう。

それを終えてからの作業移行時には、手洗いや靴底の消毒や着替えがある。したがって準調理は、待機している別のチームが中心になる方が効率的である。

その間に、先の２人は合流するか別の作業工程に入る。さらに別のチームは手切りを手伝い本調理の準備を整える。

この間に、最初の２人はクラスごとに食器などを揃える配膳準備を終わらせておく。

これが分業とリレーの一場面である。それでもメニューによってそしてメンバーによって、効果を最大限にする模索は続けられる。

ベテラン調理員同士の組み合わせであれば、前日の打ち合わせによって確

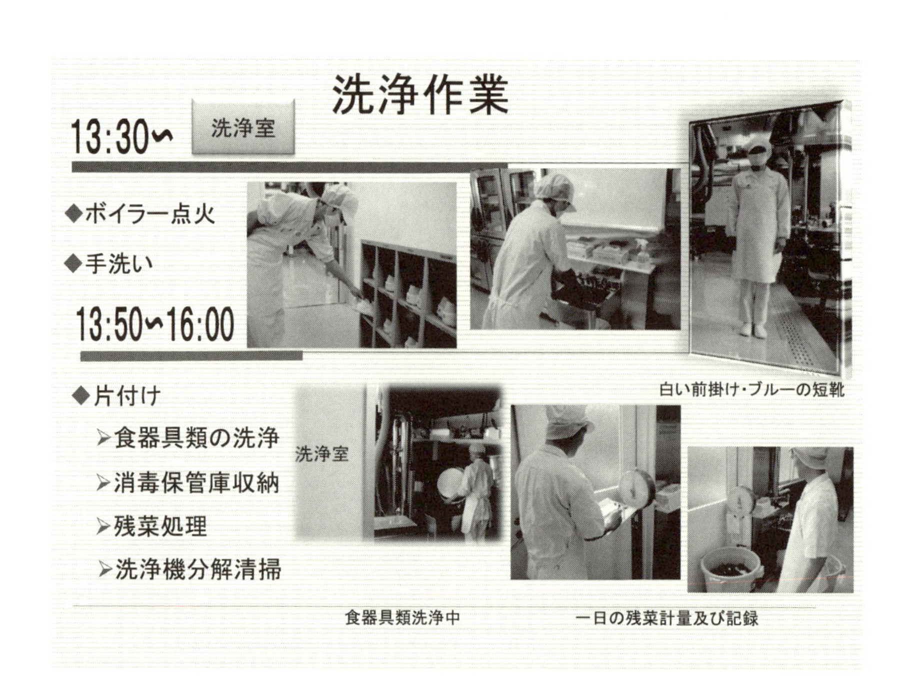

認や伝達は口頭でなくても、ちょっとした合図か目配せだけで作業を進行させていけるようになる。

新入職員が加わるとこのようにはいかない。食材の処理スピードが遅く、要領がのみこめていないので作業の流れが悪い。しかも他の職員との呼吸が合わないので、主任や先輩の観察力と適格な指示が必要になってくる。

こうした場合、たまには怒号も飛び交うこともあるが、先輩は午後の会議でその理由を説明し、チームワークの必要性を理解してもらうケアーを行っているはずである。

ここまでの説明でお気づきの通り、給食づくりの現場では、作業工程が衛生・安全のマニュアルのなかで組み立てられているということである。これはどこの給食調理場においても同じであり、文部科学省からの基準に準拠しているはずであり、その意味では学校給食は最も信頼できる調理場になっているともいえよう。

食器、容器など保管庫で2時間消毒乾燥します

16:00～

◆機器類の消毒

◆翌日献立の事前準備

翌日の使用食材準備中

16:15～17:00

◆調理室内の安全確認

◆洗浄室内の清掃

◆各自、作業動線図作成

◆ボイラー消火

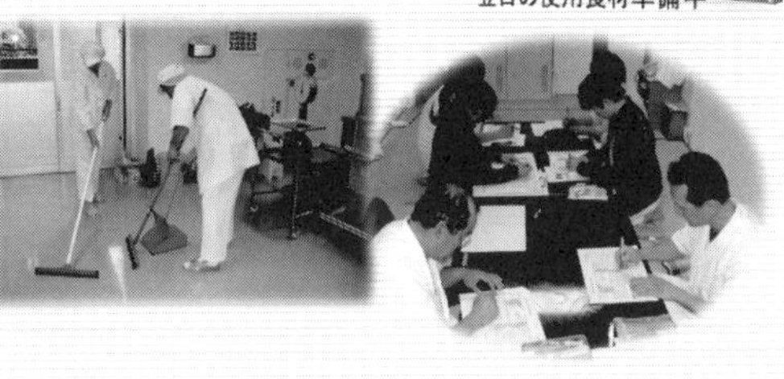

翌日の作業動線を全員で作成中

(5) 給食の安全チェックの最初は校長先生が行う

作りたての給食を最初に食べるのは校長先生である。

食べるといっても、これは楽しみの食ではなく、仕事としてのチェックである。単独調理校における給食づくりの責任者は校長先生なのである。

一般にはあまり知られていないことであるが、児童が食する前に、校長先生が味や臭いや異物混入などいわゆる安全性チェックを行うことになっている。

これを「検食」というが、児童の健康と安全を最優先する考え方から、文科省ではこのように指導しているのである。

クラスごとの昼食事においても、給食職員はできるかぎり児童との交流や指導に心掛けている。

特に新一年生には「配膳指導」や補助が欠かせない。最初の心構えが大切

である。新入生には丁寧な給食準備の指導を行っている。

これに加えて、日常の学校生活の中では、学内放送によるメニューや食材の説明を行っている。時には地場産野菜の提供者である農家の登場もお願いし、子どもたちに話しかけてもらう。

こうした和やかな昼食であるが、まもなく給食職員は洗浄や食器の整理や明日のための打ち合わせ会議で忙(せわ)しなくなる。

これまでの説明の中で触れていなかったのが、食物アレルギー対応の調理である。

これも会議の中の重要項目であり、栄養士が中心になって献立づくりと調理を行っている。

食物アレルギーへの対応については本書におけるⅤで明らかにしているので参考にして頂ければ幸いである。

2 学校給食の安全性はいかに確保しているのか

(1) 学校給食は家庭の台所の延長ではない

学校給食づくりにおける衛生管理は、想像以上の徹底ぶりである。

学校給食には大前提があって、一つが栄養バランス、二つ目が安全の確保である。

「美味しい給食づくり」が全面に出がちであるが、その上にこの二つの大目標があるのである。

食中毒を起こさないように、異物混入が無いように気をつけている、と言えば家庭における台所の延長線上にあるように思われるが、そうではない。学校給食では、安全確保の実現のためのシステム化が追求されている。

その第一は、学校給食においては食材の搬入の段階から、衛生管理を優先する作業工程になっている。これは法という制度による決まりごとになっている。すなわち調理場においては、衛生優先の行動マニュアルが文科省から提示されている。そこでは食材や調理された食品の移動の仕方や調理員の動

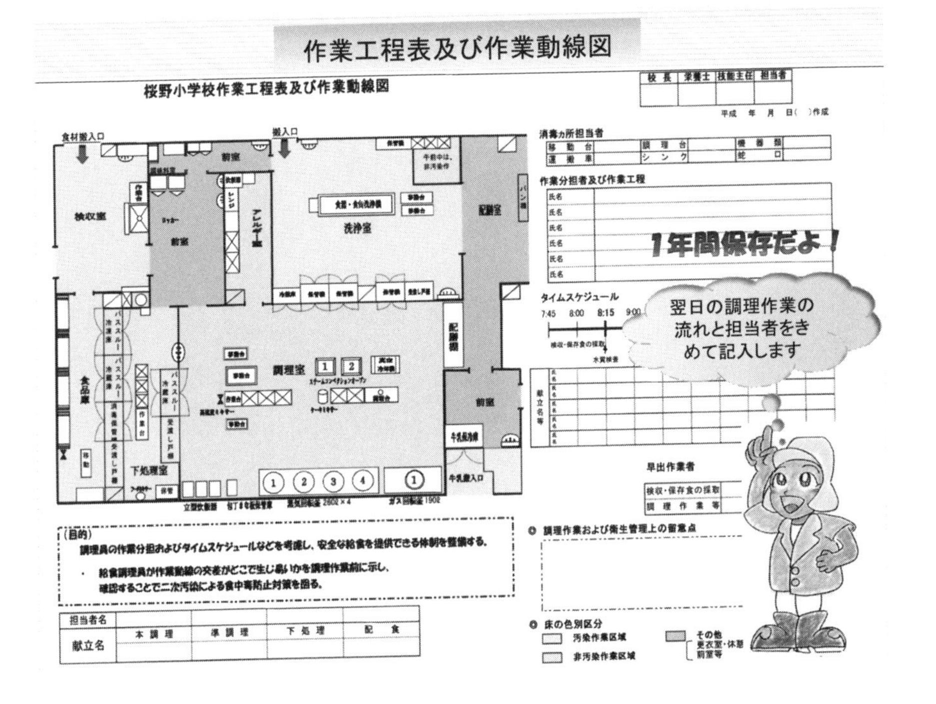

き方（動線）も決められている。

この「動線」のねらいは、食材の搬入から調理品に向かって、常に汚染から遠ざかる方へ進行させていくという考え方の実践である。狭い調理場の中においても汚染と清潔の境界ははっきりしており、決して重なり合うグレーゾーンから給食が出されないようにマニュアル化されているのである。

上の図がその「動線図」であり、職員は給食づくりの前日の午後の打ち合わせ会議で作業工程を確認すると同時に、この汚染と交差しない動線を念頭に入れる。あるいはこの図の中に動線を書き込んで、安全確保のシミュレートをするのである。

ほとんどの人は学校給食の調理場の内部を見たことがないであろうし、またチャンスも少ない。

清潔さを維持するために、通常は設備や機器関係の業者も、点検の時以外は調理場に入れないことになっている。これも衛生優先の考え方に基づくものである。

そうした現実があるから、本書の書き始めを「学校給食づくりの1日」にして、調理上の中の描写を試みたのである。

学校給食の職員は、給食の安全性を確保することに対して、これほどの厳格さが要求されていることをまず知っていただきたい。

(2) 給食づくりの職員は「牡蠣」を我慢で食さない

給食職員の厳格さを物語る逸話を紹介しよう。

冬の牡蠣のシーズンになると、外食店では入荷を知らせる幟を立てて来店を誘う。

店に入れば「殻付き生牡蠣」「牡蠣鍋」「牡蠣フライ」と旬のメニューが貼り出されている。思わず食指が動いてしまう食材である。

ところが学校給食の栄養士や調理員は、店に入っても注文しない。

筆者が、敢えて誘って様子を見ようとしたことがある。それに心が動いた人と会ったことがない。

これには理由がある。

二枚貝が原因になるノロウイルス食中毒を避けるためである。自分が食さなくても、感染力の強さのために隣人からうつされて調理場で症状が出ることだってある。その時のための対応マニュアルも用意されている。

まずは各自が、ノロウイルス感染によって大勢の子どもたちの学業に支障をきたさないように注意をしている。ノロウイルスに感染することは、大勢の子どもたちの体調を崩すことであり、授業中止の処置を余儀なくされることである。

こうしたリスクを最小限にするために、給食職員にとってはノロウイルスの媒体となる二枚貝の料理はいつも存在していないのである。

(3) 学校給食の衛生管理が一段と厳しくなった契機は？

学校給食の調理場の職員は、単独調理場で何百人、共同調理場で何千人という児童・生徒の食事を任されている。

小・中の教育機関に付設された単独校調理場や共同調理場では、「明るく楽しくおしゃべりしながらお料理づくり」とはいかない。現場ではその対極の雰囲気を余儀なくされている。毎日の調理には、正に勝負という心構えで臨まなければならないからである。

学校給食の衛生管理が徹底化されたのは、1996（平成８）年の「O-157」による集団感染が背景となっている。

O-157とは「腸管出血性大腸菌」のことで、牛糞等から検出されるものであり、100個ほどが人の体に入ると大腸内の粘膜内でベロ毒素を作りだし、血便と激しい腹痛を引き起こす。

給食での中毒の怖さは、異変に気がついたときには大勢が患者になっていることでもある。1996年のO-157の集団感染では、患者数１万4,000人を超える死者も出ている。学校給食では大阪付堺市で患者数7,996人、死者３名の大規模集団感染となった。

この時に、原因食材としてカイワレ大根が公表されてしまい、農家に多大な風評被害をもたらすことになった（その後、最高裁で農家への国家賠償となる）。

これを契機に、衛生確保のための方法を改めることになり「HACCP（ハサップ）」（危害分析・重要管理点）が導入されることになった。次にそれを説明しよう。

(4) 大規模集団感染によって学校給食の衛生管理にもHACCPが導入される

「HACCP」を簡単に説明すると次のようになる。

従来は、食品製造後にできあがったものをサンプルとして検査していた。

細菌や化学物質や異物混入が発見されれば製品の回収ということになるが、

回収自体が不充分であり、すでに消費されてしまっていることもあろう。流通の発達は短時間に広範囲な配達を可能にする。したがって回収はますます困難になってきている。これが流通の広域化による怖さの一面である。

こうした事態を回避するために、調理の現場においても、原材料から消費者の口に入るまでの各段階における「要注意の箇所を重点的に管理」する手法としてHACCPが導入されたのである。

すなわちHACCPとはHazard Analysis and Critical Control Pointであり、「危害分析・重要管理点」を中心に据えた衛生管理の手法のことである。

もし不測の事態が生じた場合は、その原因を追及して対策を講じなければならない。

原因を解明するには、先の「重要管理点」の記録がなければならない。学校給食でもリアルタイムで監視・記録する体制が整えられている。

ところで、2001（平成13）年にBSE（牛海綿状脳症）が発生した。

その対策として「トレーサビリティ・システム」が短期間で見事に確立された。

それは、子牛の誕生時に識別番号を耳に固定する「耳標」を付け、スーパーの小分けパックにまでその番号を添付し、異常が見つかれば肥育農家の記録帳にまで戻れるシステムのことである。

このトレーサビリティ・システムの核心となるのが、肥育農家の記録帳に相当するHACCPの「重要管理点の記録」なのである。

(5) 学校給食は「学校給食衛生管理基準」に準じてつくられている

このように、学校給食における安全性追求のための改革のバックボーンとして学校保健法等の一部改正（平成20年法律第73号）が行われ、それに準じて2008（平成20）年に学校給食法が改正された。

要するにHACCPとは製造工程における重要な箇所を特定し、監視し、記録を取り続けることを要件とするシステムである。事故が発生した場合に、短時間で原因追及を実現するためには、先のトレーサビリティ・システムの中にHACCPを組み込むことが必要になるというわけである。

その中で「学校給食衛生管理基準」が明確に位置づけされたのである。

すなわち学校給食法の第九条（第1項）で次のように謳われることになった。

「文部科学大臣は、学校給食の実施に必要な施設及び設備の整備及び管理、調理の過程における衛生管理その他の学校給食の適切な衛生管理を図る上で必要な事項について維持されることが望ましい基準（以下この条において「学校給食衛生管理基準」という）を定めるものとする。」

この「学校給食衛生管理基準」は2009（平成21）年3月31日に公布、4月1日より施行されることになったのである。

HACCPを適用した学校給食づくりにどんな衛生指導が入っているか、簡単に紹介してみよう。

まず衛生管理の適用範囲であるが、次の3点にまとめられる。

①学校給食の施設と設備に係わる衛生管理

②調理過程とその関連に係わる衛生管理

③衛生管理体制に係わる衛生管理

次に、各々について具体的内容を幾つか示してみよう。

なおここでの①②③は、次の（6）における①、（7）における②、（8）における③と符号している。

(6) 衛生管理の実例〈1〉～学校給食の施設と設備に関して～

① 学校給食の施設と設備に係わる衛生管理

ｉ）手の清潔を保つ。給水栓（蛇口）も手指で操作しない。

・肘や足で操作するレバー式にする。

ⅱ）床を濡らさないドライシステムの推奨。

・それまでの施設利用においてもドライ運用を心がけること。

ⅲ）汚れ物を扱う「汚染作業区域」と調理過程の「非汚染作業区域」の設定。

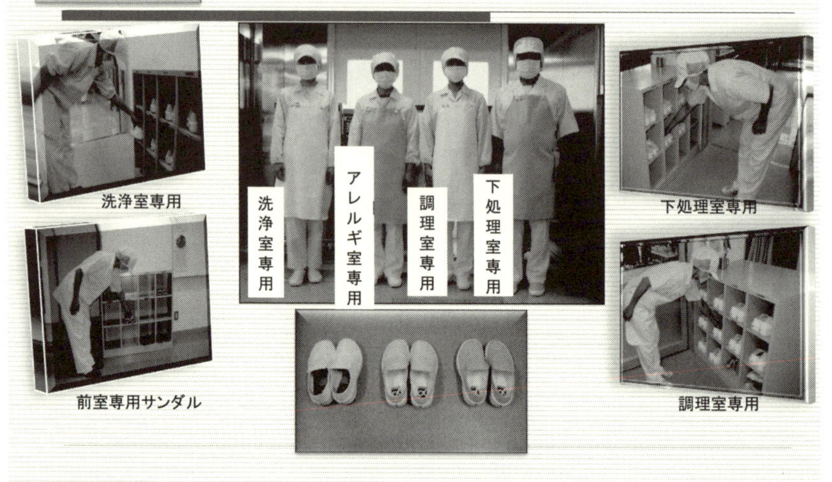

・調理員の「作業動線」と食材・食品の流れを定めて「交差」させないこと。

iv）シンク（家庭で言えば流し）は「加熱調理用食品」と「非加熱調理用食品及び器具」の洗浄用を別々に持つこと。

・また三層式構造にすること。

・流しを横に３つ並べたかたちにすることによって、野菜等の食品を充分な水量の流水で３回洗浄する。

・こうすることによって、表面に付着している生菌数や大腸菌群を確実に減少させられるからである。

v）機械及び機器は可動式にする。

・移動式の車を着けることによって、調理過程に合わせた位置に置くことができる。

・洗浄する時は、そのためのコーナーへ移動してからできるから床を濡らさないで済む。

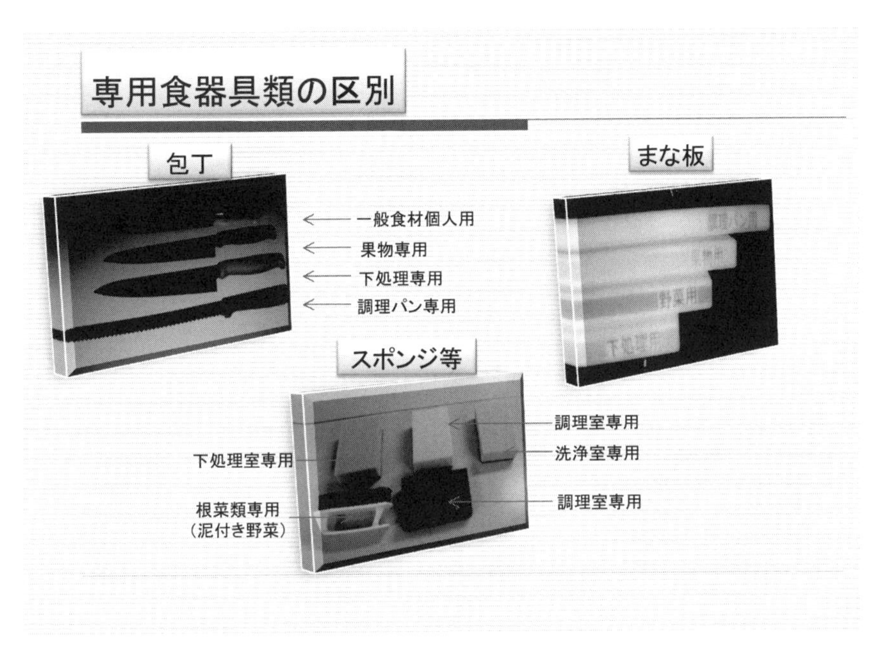

vi）加熱終了から給食開始まで２時間以内で可能になるように配送車を確保する。

・細菌の増殖が活発になる前に食せること。

これで、施設や設備に係わる衛生管理の内容が想像できよう。

(7) 衛生管理の実例〈２〉～調理過程とその関連に関して～

次に、調理過程においてどのような衛生管理になっているか幾つか示してみよう。

②　調理過程とその関連に係わる衛生管理

i）検便は毎月２回以上する。赤痢菌、サルモネラ属菌、腸管出血性大腸菌などを持ち込まない。

ii）調理及び配食に際しては、専用の清潔な衣服を着用する。

iii）トイレを利用するときは、作業区域用の調理衣や履き物を着用しない。

iv）調理場内の温度管理を25℃以下、湿度80％以下に保つようにする。

ザル

生もの専用　一般食材専用　果物専用

タライ

生もの専用　一般食材専用

ボール

生もの専用　一般食材専用

保管室や冷蔵庫の内部の温度と湿度も管理し、毎日記録すること。

v）包丁やまな板などの器具は、下処理用と調理用と加熱調理済食品用とに区別をする。

vi）調理用の器具や容器は、食肉類、魚介類、卵、野菜類、果物類の種類ごとに専用ものを用いる。

なお調理過程の衛生基準には、職員の手の洗い方やマスクの仕方から始まり多くの指導項目が盛り込まれている。ここでの例はその一部である。

(8) 衛生管理の実例〈3〉〜衛生管理体制に関して〜

最後に、衛生管理体制すなわち組織のあり方に関連する指導例を掲げておこう。

③　衛生管理体制に係わる衛生管理

i）衛生管理責任者を置く。該当者は栄養教諭等であるが、存在しないときは調理師資格を有する調理員等にする。

ii）学校給食の実施者は教育委員会等であり、校長等は学校給食の適正な運営に責任を有する。

iii）校長は、学校給食は学校教育計画の中で健康教育の一環として位置づける。

iv）校長は、毎日の給食について異常の無いことを確認するために検食をし、検食日誌に記録する（共同調理場の場合は施設の長が行う）。

v）望ましい学校給食を維持するために、学校給食運営委員会を組織する。構成員は、教育長、所長、学校長代表、学校医代表、学校薬剤師代表、PTA代表者、地域保健所長、学識経験者、栄養教諭代表、給食調理員等である。

vi）教育委員会等は、定期的に原材料や加工食品について微生物検査（大腸菌、腸管出血性大腸菌O-157、サルモネラなどの細菌）、理化学検査（残留農薬、残留抗生物質、食品添加物、ヒスタミン）を行うこと。

文部科学省からの「学校給食衛生管理基準」は、指導内容が細部に及びボリュームのあるものになっている。学校給食関係者はこの基準に沿うために多大な努力を続けている。また施設や機器、道具の整備も余儀なくされるため、予算の見直しも図られる。

こうして、学校における児童・生徒のより良い昼食提供を実現してきているのである。

次の図は、学校給食の衛生管理を実現・維持するための組織を表している。

単独調理校と共同調理場とでは責任者が異なってくる。

単独調理校では、校長が責任者になり学校保健委員会を組織して給食の衛生管理を運営する。

一方、共同調理場では、施設の長がその任に当たることになるが、給食を受ける学校の方では、校長が学校保健委員会等を活用しながら衛生管理体制を整備し運用を図る。この場合の衛生管理体制とは、校長、給食所長、学校医、学校薬剤師、学校歯科医、栄養教諭等、保健主事、養護教諭等の教職員、保護者、保健所長等から構成されるものである。

衛生管理組織の例

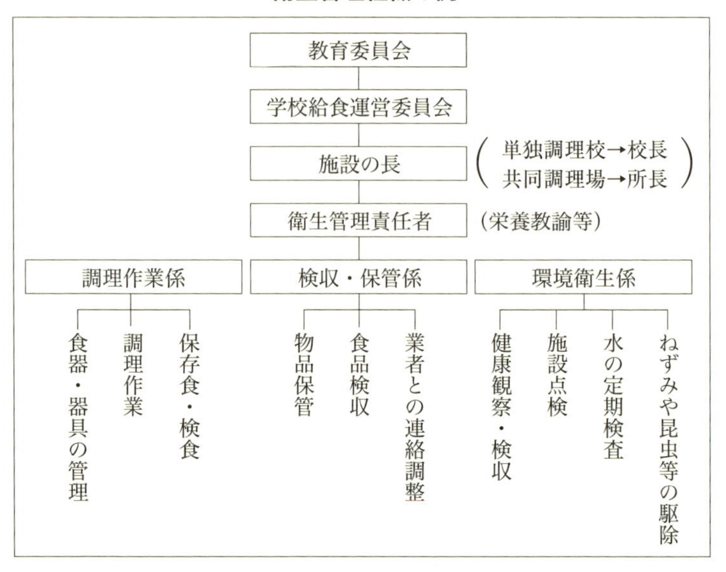

3 学校給食は「おいしい」と言われることを第一目標にしているわけではない

(1) 給食はおいしければよいのか?

「学校給食はおいしいです」、「子どもがおいしいと言ってます」と聞くと思わず笑顔になってしまう。

外食やコンビニエンス等での間食で舌が肥えている子どもが多いから、このような評価を聞くとホッとするのである。

給食がおいしければ、学校生活もきっと充実しているだろうと想像できて快い。思わず「よかった」とつぶやいてしまう。

ところが学校給食の職員の中で、外食やコンビニ・スーパーの総菜と「おいしさ」を競(きそ)おうと考えている人はほとんどいない。おいしさにはこだわっているけれども、他に優先すべき目標があるというのが給食であり、またお

学校給食の所要栄養量基準（児童、生徒１人１回あたり）

区分	１日に必要な栄養所要量に対する学校給食の割合	小学校の児童の場合			中学校生徒の場合	夜間課程を置く高等学校の生徒
		低学年 ６～７歳	中学年 ８～９歳	高学年 10～11歳		
エネルギー（Kcal）	33%	580	650	730	830	830
たんぱく質（ｇ）	40%	21	24	28	32	29
脂肪（%）	学校給食による摂取エネルギー全体の25～30%					
カルシウム（mg）	50%	300	330	350	400	350
鉄（mg）	33%	3.0	3.0	3.0	4.0	4.0
ビタミンA（μgRE）	33%	120	130	150	190	190
ビタミンB_1（mg）	40%	0.30	0.30	0.40	0.40	0.40
ビタミンB_2（mg）	40%	0.30	0.40	0.40	0.50	0.50
ビタミンC（mg）	33%	20	20	25	25	30
食物繊維（mg）	1,000kcalあたり10g	5.5	6.5	7.0	8.0	8.0

表に掲げるもののほか、次に掲げるものについてもそれぞれ示した摂取量（目標値）について配慮すること。

マグネシウム	児童（６～７歳）60mg、児童（８～９歳）70mg、児童（10～11歳）80mg、生徒（12～14歳）110mg、夜間課程を置く高等学校の生徒130mg
亜鉛	児童（６～７歳）２mg、児童（８～９歳）２mg、児童（10～11歳）２mg、生徒（12～14歳）３mg、夜間課程を置く高等学校の生徒３mg

出所：文部科学省の資料より

いしさづくりの方法も異なっている場合が少なくない。

学校給食で最優先しているのは「栄養所要量」である。

子どもたちに必要な１日の栄養所要量の３分の１を、給食で摂取できるようにする。エネルギーもタンパク質も脂肪もカルシウムもビタミン類も鉄分も食物繊維も……。マグネシウムや亜鉛まで摂取させる目標値が決められている。

栄養士は、文部科学省からの年齢別（小学校は３区分）になっている栄養所要量（表を参照のこと）を前提にしたメニューと食材選びを強いられているのである。

(2) 外食と異なる給食～栄養士の悩み～

給食は、「おいしく作ってよろこんでもらおう」という営利主義の食とは根本的に違うのである。

栄養士は栄養所要量と食材選びで、夜遅くまで頭を悩ますことが少なくない。

栄養士を悩ます理由は他にもある。いくつか指摘してみよう。

調理員が短い時間内で作れるメニューであるのかどうか？

なかでも、どの食材を使うかは調理時間を左右する。食材といえば、できる限り旬（しゅん）にこだわりたい。

しかし、量的に入手できるかどうかも考慮しなければならない。

また重要なことであるが、給食費の範囲でまかなえるかどうかという制約がある。

小学生の給食費の平均を300円としても、沢山の食材を選ばなくてはならず、どれもお薦め食材で満たすということはできない。

さらにもう一つ、その食材を児童・生徒が食べきってくれるかどうかも、もちろん優先課題となる。

給食を残すこと、すなわち「給食残さ」が問題になることが多い。

多くの人は給食が残ることに対して批判的である。

給食が残ることの理由は、子どもたちの好き嫌いが強すぎることと、和食の食材であるダイコン、ニンジン、ゴボウ、カブなどの根菜類やナス、ピーマン、ネギ、ホウレンソウなどを嫌う子どもが多いからである。

小学生ともなればすでに好き嫌いがはっきりしていて、給食でこの傾向を直してあげようという課題がある。

子どもの健康を願い将来を思えば、栄養士はこのような食材を出さないわけにはいかない。たとえ「残さ」が多くても出し続けるのである。多くの栄養士は子どもたちが嫌いな食材でも、切り方や大きさや調理法（煮るか蒸すかなど）やメニューの中での組み合わせなどの工夫を続けて、出し続けている。

学校給食にはこのような課題があって、それに対する対応方法で頭を悩ませているということを踏まえて、給食残さの問題を考えるようにと、先生や保護者に対して時にはお願いをすることもある。

(3) 給食の「残さ」（給食の残り）の量を問う前に好き嫌いの矯正を考えよう

給食「残さの量」を問題にするよりも「食材ごとの減り方」に注目すべきである。

嫌いな食材を給食で「食べられる」「好きになった」という子どもたちは実に多い。

その理由の多くは、こうした職員の普段の努力によるところが大きい。

毎日大量の食材を扱う調理員でも、できるだけ手によって切るように心がけているのは、それが単なる作業ではなく、これから子どもたちが食べる食材の調理をしているという思いがあるからである。作業と思ってしまえば、多くは機械による処理も可能なのである。

冒頭に、「学校給食はおいしい」と聞くとホッとすると記したが、直ちに「嬉しい」と思えない理由がある。

学校給食はできるだけ素材にこだわりたい。近隣の農家との提携で、朝どりの新鮮野菜を料理したい。新鮮野菜を使って素材のおいしさも知ってほしい。したがって素材の判別が目でできるような、かたちが残る切り方を心がけることが多い。こうした献立を子どもたちが「おいしい」と言ってくれるのであれば、これは嬉しいことなのである。

好き嫌いが少なくなる理由の一端を紹介したが、学校給食だからこそできる理由もある。

まず指摘したいのは、同じものをクラス皆で一緒に食する時には独特の雰囲気が漂ってくる。一緒に食せても弁当では、こうした雰囲気になりにくい。クラスの中には、同じ料理を食べる開放感が漂っている。

さらに献立の説明や食材のお話しが校内放送で流れ、担任の先生が「残さず食べよう」「○○君　まだ残っているよ。君の好物だろう」といった会話がよい雰囲気づくりに拍車をかける。

実際に給食残さのクラス差は意外に大きいのである。これは、食する時の雰囲気が如何に大切かということを物語っている。

(4) 人生を創るほど影響力が大きい農業体験

農業体験を契機にして好き嫌いが減ったという例は大変多い。

親や教師にも難しい偏食の矯正を、農業体験によって子ども自らが直していくとは一体どうしてなのか。結論から言うと、植物や動物の生き物に係わりを持つことの意義は想像以上に大きいのである。

端的に言うなら、体験によって見方・考え方が一変する時がある。

食育の根本に食農教育が不可欠なのである。

子どもたちが農業体験ができる場（機会）は徐々に増えてきている。

クラスごとの農園、校内の大きめの花壇、蔓が窓を覆うゴーヤ栽培、近隣の農家、休暇中のホームステイなど、食材が生きていることを教える機会は多いし、教科も幾つかある。

子どもたちが農作物の生育作業と係わりを持ったら、次はそれを皆で食すための調理体験を用意するとよい。

農作業のように体を使い、調理作業のように頭を使うと、大切に食べよう、美味しく食べようという気持ちになる。

そこでさらにその農産物が体のために、どのように良いのかを学ぶところまで進展させると、子どもたちの人生を左右するほどの変化を生み出すことがある。

「がまんして食べよう」から「おいしい」に大変化を起こすことはもちろ

んのこと、人生の歩み方に影響を及ぼすこともあろう。

給食職員の多くはこのことを知っているが、それを実践できる機会がまだまだ少ない。

しかし近年、教科の先生と給食職員（栄養士等）とが一緒に取り組んで食農教育の成果を上げている事例も多くなってきている（チームティーチング等)。

食習慣は生活の姿勢を決め、食に向き合う心は人生の方向を決定づけるほどのテーマであるから、まず「食」からのしつけと「農業体験」という発想は正しい視点であろう。

II 食生活の乱れから子どもたちを救おう

1 食育基本法が必要になった理由を知ろう

(1)「食」で生き方が変わります

食生活のあり方は、よりよく生きるための基本である。

このように記しても多くの人の心に響かない。そこで具体的な表し方をすると次のようになる。

・朝食を食べている子どもほど学校での成績が良い。

・一家団欒の多い家庭ほど子どもの成績も良く、進学率が高い。

・食育に積極的な地域ほど子どもたちの学業成績がよい傾向にある。

・食べることに関心が強い人ほど仕事にも意欲的である。

・食事時に食の会話を楽しめる人ほど、教養が高いようである。

・食べているときにこそその人の本質が表われやすい。

・自然の残る地域で、オリーブ油やトマトやリンゴなどの特産物を好み、数時間の農作業にいそしめている人に長寿が多い。

そしてまた次のように付記しなければならなくなった。

・若いときに食し方を教えておかなければ、健康を害してしまう。

・若いときに調理の基本を習得させておかなければ、何歳になっても本当の自立を迎えられない。

・男子の調理好きは、女性の社会的活躍を促進し、少子化を緩和する。

・食材供給の農業や漁業にも目を向けられれば、安心とおいしさをさらに高められる。

(2) 子どもにとってとりわけ「食」が大切な理由

子どもの健康は食生活のあり方で決まってくる。

ところが食生活の内容が良くない。偏食、孤(個)食、朝食抜き。外食依存に夜のおやつにコンビニ通い。「早寝早起き朝ごはん」から離れ過ぎ、挙句の果てには子どもたちに生活習慣病の影が忍び寄っている実態も明らかになっている。

バランスとリズムを欠いた食生活の弊害は大きい。

だから2000(平成12)年版「食生活指針」(厚労、農水、文科の3省)では、次のような10項目を提示しなければならなかった。

食生活指針

①食事を楽しみましょう(健康寿命を延ばすために。一家団欒を増やそう)。
②1日の食事のリズムから生活リズムを(朝食を。飲酒をほどほどに)。
③主食、主菜、副菜を基本に、食事のバランスを(手づくりと外食の上手な組み合わせを)。
④ごはんなどの穀類をしっかりと(日本風土に適したコメを)。
⑤野菜・果物・牛乳・乳製品・豆類・魚なども合わせて(これらが不足している)。
⑥食塩や脂肪は控えめに(食塩が多すぎ。脂肪分は動物・植物・魚ののバランスを)。
⑦適正体重を知り、日々の活動に見合った食事量を(体を動かそう)。
⑧食文化や地域の産物を活かし、ときには新しい料理も(旬や行事食を大切に)。
⑨調理や保存を上手にして、無駄や廃棄を少なく(買い過ぎず、冷蔵庫の中を上手に管理を)。
⑩自分の食生活を見直してみよう。

一瞥すると、当たり前すぎて興味を引かない内容であろう。ところが、このように表さなければならないほど食生活が乱れているのである。この10項目の内容において全て悪い状況になっている。

家庭における食生活が乱れると、まだ体が小さく成長期にある子どもが犠牲になりやすい。

どのような犠牲なのか？　例を挙げてみよう。

落ち着けない。勉強に遅れる。体力が弱い。運動バランスが悪い。いじめに遇いやすい。力強い人生の歩みから外れてしまう。

家庭での食は子どもの心身を育み、良い人生をつくるための基礎なのである。

(3) 食育基本法ができるとどうなったか？

そこで2005（平成17）年に「食育基本法」が施行されることになった。

どんな法律でも「基本法」ができれば「推進計画」が作られ、〔国→都道府県→市町村〕へと推進のための「計画づくり」が要請される。環境基本法、医療基本法、消費者基本法などと同じように「食生活のあり方」に基本法が作られたのである。

それほど食生活のあり方は、個人においても社会においても大きな意味をもつ。

「食育基本法」ではどんなことが謳われているのであろうか。主要な表現を列挙してみよう。

食育基本法のキーワード

①食に関する適切な判断を　②食に対する感謝の念と理解を　③伝統的な行事と作法を　④人間性を育む　⑤生きる力を養う　⑥心と人格を高める　⑦国民の心身の健康増進を　⑧文化の継承と発展　⑨食料自給率の向上を

食育を基本法にするというのは良いことである。

問題は基本法にしなければならないほど、生活スタイルが変わってしまったことである。その好例が、食べることができて「ありがたい」という感謝の念が弱まっていることであろう。時代が変わっても、生き物の中の人間として変えてはいけないことがある。それは「生き物の命を頂いて自分が生きられている」という認識である。

(4) 学校給食法も改正され食育が加わった

食育基本法が施行されて2009（平成21）年に「学校給食法」が改正された。

学校給食法の改正は半世紀ぶりのことである。その内容は栄養補給としての給食から「食育」を加えた「学校給食法」への改正である。食料不足の情況において、救済処置として行われるようになった戦後の給食の役割が変わったのである。

これで「食育」の背景と意味がお分かりであろうかと思う。

平均的にとらえると、日本の子どもたちの健康を支えているのは学校給食であると言っても誤りではない。子どもたちには「1日3回、満腹にしてやればそれでよい」というものではない。より良い人生を歩んでもらうためには、安全とバランスと愛情の込められた学校給食が必要である。

それに加えて、家庭で不足している「食育」は、家族形態の変化を補うためにも不可欠になっている。

家族形態の変化とは三世代家族から核家族への変化であり、祖父母のしつけや教育が抜け落ちてしまっている。この部分も学校給食の場を利用して補うことが学校給食法の改正点なのである。

子どもたちが長い休暇に入ると、給食職員の多くは「家庭でも野菜をたくさん食べているだろうか」と気に掛けるのである。

2 食生活の乱れ（その1）～ジャンクフードと外食依存～

(1)「食生活の乱れ」を知っておこう

食生活の乱れを具体的に見てみよう。

食が乱れていると言われても、多くの人は「乱れの内容」を思い浮かべることができない。毎日の習慣であるから、振り返る機会がないのである。

そこで最初に、食生活の乱れやそれによる懸念を整理しておこう。

・外食への依存が強すぎる。野菜や果物の摂取が少なすぎる。
・朝食を疎(おろそ)かにし過ぎる。
・一家団欒(だんらん)が少なすぎる。
・肥満が多い。やせ過ぎが多い。
・塩分が多い。砂糖の消費が多い。
・カルシウムが不足している。
・子どもの体力が低下している。
・糖尿病が増加している。
・食べられるありがたみを感じられなくなってきている。
・和食文化が消失してきている。
・食べ残しが多い。他

筆者はこのテーマについては、機会あるごとに「外食への依存度の高さ」から話すことにしている。いつの間にか日本人は外食大好き民族になってしまっている。こうした事実や健康への影響が一般的にそれほど認識されていない。

小さいお子さんを連れたお母さんたちが、ファーストフードの常連になっている姿を見ると、やはり外食の話から始めざるを得ないのである。

(2) 子どもの食習慣の中にあってはいけないこと

ジャンクフードという表現がある。

スナック菓子やハンバーガーやポップコーンなどを指しているようである。

これらを常食としていることを前提に記すと、健康が心配されるという食品群のことである。

その理由は、ジャンクフードはカロリーばかりが高く、ビタミンやミネラルなどの栄養素がほとんど含まれていないということである。しかも、子どもたちを脂と塩と香り付けで虜にさせてしまう。

外国には食の偏りの弊害が大きすぎるとして、塩分や糖分の多いものに税金を課しているところもある。

外食店の多くは「おいしさ第一、利益優先、健康は二の次」というところである。これが外食の平均的な姿である。老舗や大手有名企業においても、儲け最優先でしかも勉強不足、不祥事を起こしても理由にさえ気が付かないという事例が公にさらされてきた。その多くの理由を辿れば、およそ食を扱うのに向かない無責任経営者の姿勢に行きつくのである。マスコミに登場するのは「しまった、ばれちゃった」という、とりわけ悪い方のグループのほんの一部といえる。

もし「内部告発」がなければ、多くは隠されたまま営業継続であり、人の生命に係るだけにこれほど怖いことはない。

(3) 気がつかない外食依存の生活

先にも記したとおり、日本人は外食に依存する国民といえる。

食べ物にお金を使う総額の４割近くも外食業界に払っている。惣菜等の中食と合計して「食の外部依存」というがこれが45％前後にまでいっている。

外食に依存するということは家庭での手作りから離れることであり、スーパーマーケット等での食材選びから遠ざかることである。

どれほど家庭での手作りから離れているのか判断する一つの手立てがお金の支払先である。それが45％前後にもなっているという先進国は珍しいのである。もともと日本人は一家団欒を大切にする民族である。狭い都市部に人口が集中し、住居費や食費などの生活費が高まるなか、残業までして勤務することを優先する生活スタイルを余儀なくされれば、外食に頼ってしまうのも致しかたないという側面もある。1970年代からの米国スタイルのファーストフードの展開は正にピッタリこの事情に当てはまり、日本スタイルが浸食されていったのである。

そこで筆者は次のように言うのである。

・上手に外食・中食を利用しましょう。

・惰性や習慣を打破しましょう。

・外食の椅子に腰かけている時に、そんな自分のスタイルを振り返りましょう。

・もちろん、良心的な店を見つけましょう。

とも付け加える。

そのためにはある程度、調理している人と話ができるようになっておくことが肝要である。

3 食生活の乱れ（その２）
～朝食の大切さと朝食を食べさせるために～

（1）子どもの朝はなぜ大切か？

子どもをもつ家庭では朝の食卓が大切である。

子どもの体の小ささと運動量や臓器の働き、脳の働きに注目すると、子どもの朝の食卓の意味が大人とは違うのである。

朝、起きたばかりの朝の子どもの体においては、これから学校で学ぶのに必要な脳・神経系のためのブドウ糖は切れてしまっている。炭水化物からのグリコーゲンは肝臓に蓄えられているが、大体７時間前後で使い切ってしまう。前日の夕食による栄養補給から睡眠を経て、勉強するためのエネルギー補給が朝食なのである。

子どもの「朝食抜き」ということは、ランドセルを持たずに学校に行かせていることと変わらない。

エネルギー源が不足するとイライラするのは大人も同じこと。そんな状態では、子どもに教科書も鉛筆ももたずに教室の椅子に座らせているのとあまり変わりはない。

子どものエネルギー切れは早いのである。教室でイライラしだすと友達にちょっかいを出す、クラスの雰囲気を乱す等の行動で嫌われ者になってしまったりいじめの対象になる。

子どもの朝は体温も低くなっている。起き掛(が)けはまだ活動状態に入っていない。だから早めに起こして、朝食を食べさせて、体温を1度近く上げさせて、明るい表情で学校に行かせる準備が必要になるのである。

(2) 朝の習慣が学業成績の重要な決定因

学業成績の良い子は総じて「早寝早起き朝ごはん」派である。

子どもの「派」といっても、実際にそれを決めているのは保護者の「心構え」である。すなわち子どもの「良さ」は保護者の努力の作品であることが多い。

保護者の朝の努力があった上で、子どもの良さを先生方がどれだけ伸ばせるかというのが教育である。学校教育というのは、家庭という基礎の上にどれだけの価値を付加できるかという仕事である。教員の熱意や技がどれだけ子どもに反映させられるか、この結果の多くは家庭での子育て力で決まってこよう。

したがって子どもの「でき」が悪ければ、まず反省すべきは子どもではなくて保護者である、と言っても言い過ぎにはならない。これは多くの教師が分かっていることである。

ところが教師の方は、保護者との関係を悪化させる可能性のあることは言わない方が得策と心得ているから口に出さないだけなのである。保護者は、この教師の立場を読み取って子育てに向かってほしいのである。

問題の根本に触れることができずに、子どもの教育という仕事をしなければならない学校の先生というのは、実は大変なのである。「教育現場を理解してから教育行政を！」と言い得る根拠はしっかり存在しているというわけである。

2007（平成19）年から43年ぶりに復活した全国学力テスト（全国学力・学習状況調査）の結果（文科省）を見ると、地方の子どもたちの方が上位にある。

これは多くのことを示唆している。子どもの成績が良い地方に何があるのか。例えば上位の福井県に何があるのか。教育政策のあり方もあろうが、その前に、第一に「早寝早起き朝ごはん」があり、第二に三世代世帯が多く、祖父母の支えが加わっていることであろう。第三に先生に対する意識が高いということも忘れることはできない。

都市部では、まずこの実態を知ることが大切であり、不足している側面をどのように補うかを問わなければならないのである。

(3) 都市部の保護者が知っておかなければならないこと

そこで都市部における問題点をいくつか指摘しておこう。

まず、学校や教師に対する姿勢のことである。地方の多くでは、学校や教師に対する保護者の認識と対応の仕方が都市部とは大分違っている。これは軽視できない側面である。親の考えや言動の多くは子どもが引き継いでいくということを考えるならば、強調し過ぎることのない重要点である。

学校生活が大事、先生を大切に、と親が言えば子どももそうなる。

家庭と学校との信頼関係のあり方が、地方の子どもたちの成績を上位に押し上げている側面は否定できない。教師の自信を高める方向にもっていけなければ、教育力の低下で、子ども自身にも保護者、家庭にもマイナスが降りかかってくる。地方には教師を応援する保護者の心が残っている。

もう一つ付言しよう。成績の上位地域はどちらかというと食育活動も盛んである。

行政も住民もそして学校も頑張っているところが多い。農家も協力するから地域生産による地場産給食が進展している。

地域特産物の振興を願うから、食器も伝統産業のものを使用する。

要するに地域ぐるみで給食と食育に立ち向かっている。先に挙げた福井県もそうであるし、北陸、東北の多くの県も同じことが言える。

(4) 朝食と体力と運動能力

朝食を食べて学校に行くから、学力だけでなく体力や運動能力も高くなる。

子どもたちの1食分の役割は、大人の2倍ほどあると思った方がよい。1日3食のうち朝食を抜くことによるハンディーは大きいのである。学力と体力は一緒に伸びると捉えた方がよい。実際に、2008（平成20）年に初めて実施された全国体力テスト結果（文科省）がそれを示している。

体力は運動能力であり、体重とは区別しなければならない。

1969（昭和44）年度から実施されている体力・運動能力調査（文科省）によると、ピークは1985年頃であり、今は回復の途上である。それと並行して問題になりつつあるのが肥満である。塾や習い事に通うために、子どもたちの遊ぶ時間が短くなった。これでは運動能力が落ちてしまう。大都市では小学校の高学年になると運動能力が落ちてくる傾向がある。受験勉強のためのおやつや夜食も加わり、カロリー過多が災いする。

こうした肥満を重視して文科省は2013（平成25）年4月から、給食の1食あたりエネルギー量を20～30kcal減らすことにしている。

その結果、新しい1食あたりエネルギー量は次の通りになった。

新しい1食あたりエネルギー量

（6～7歳）530kcal（30kcal減）
（8～9歳）640kcal（20kcal減）
（10～11歳）750kcal（同）
（12～14歳）820kcal（30kcal減）
（参考）20kcalはご飯10g強（子ども用茶わん1杯の8分の1）

「早寝早起き朝ごはん」は全国における運動目標である。

ところが、多くの保護者から次のような質問が出される。

「朝、子どもが起きてこなくて困るんですが、どうしたらいいのですか？」と。

これは難題である。

(5) 家族の繁栄は朝で決まる

親の真価は子どもの早起きで問われている。

朝早く、子どもを起こせるか否か、これは親としての真価が問われるほどの役割である。子どもが社会で活躍し、親になって子を育てるという先まで想起するなら、家族の繁栄に向かえるか否かを決めるほど大事なことになろう。

また、このような発言も聞かされてきた。

「早寝をさせようと電気を消すのですが、また起きてゲームやらメールをしているんです」と。

先ほど早起きが「難題」といった理由はこれである。親の目が届かなくなってしまった。友人関係はメール関係にウエイトを移しつつある。文科省の調査によってもメールの多さは無視できない。中学生にもなると1日に100通というのも珍しくない。

そして次に調査によって明らかになるのは、メールの弊害である。

メールが多いほど学力が低い。インターネットやテレビゲームが長いほど国語、算数・数学の正答率が低下する。逆に、新聞やテレビニュースを見る方が正答率が高くなる。メールが多いほど親との会話が少なくなる。・・・・

そこで次の様な質問が出る。「どうしたらよいのでしょうか？」と。

これに対しては、各家庭の事情が異なるので、これという決まったアドバイスを送れない。

そこで筆者はこのように答えることにしている。

「朝の起床時間と食卓に着く時間だけは甘やかしたらいけません」、「どんなに寝不足であろうが、朝の食卓で家族が顔を会わせることはしつけていくべきです」、「就寝の時間の約束は必要ですが、その後のチェックよりは、朝の厳しさの方が大切です」、「朝早く起きていれば、子どもは眠くなってゲームどころではなくなります」、「朝の約束時間を起点に、あとは子どもが自分で時間を決めていく方が将来のためになります」と。

4 食生活の乱れ（その３）〜飽食の中のアンバランス〜

(1) 隣の家庭の食生活はデータでわかる

家庭の食生活の実態はほぼ分かっている。平均的な食生活の内容はおおよそ把握できよう。

国民の食に対する支出状況は総務省統計局の「家計調査年報」で明らかになる。

そこでは、多くの人に対するアンケート調査によって、食への支出が食品ごとに、①長期的な推移、②月別の変化、③世帯主の年齢別支出、④所得階層別支出の状況が示されている。

しかも子どもを含む「２人以上世帯」だけではなく「単身世帯」の食生活も明らかになっている。

だから「平均的」ではあるが、日本の世帯ごとの食生活は分かるのである。それに基づいて子どもの食生活の実態と問題点に迫ってみよう。

(2) 豊かさは日本人を和食からも遠ざける

日本の食生活の現段階は「飽食の中のアンバランス」であろう。

まず「飽食」というと食余りであり食べ過ぎである。次に「アンバランス」であるから欠乏であり過少である。「飽食の中のアンバランス」とは、この両方の問題点を抱えることを意味する。

戦中戦後は「食料不足」であり、現段階とは対局の困窮である。

1950年代後半からの高度経済成長期は「食料不足」を解消していく過程であるから幸せな局面であった。すなわち「不足の中のアンバランス」の

「不足」が解消し、技術向上と食材・食品の輸入で「食の多様化」が加わっていく局面である。

1970年代に入り「食の多様化」に「外食化」が加わる。なかでもファーストフードは米国産の生活スタイルであるから広がりやすい。米国企業は顧客を勢いよく増やしていくマーケティングに長けている。多くの国でそうであるように、日本の食文化が巻き込まれていった。単純かつ明快な商品と販売の回転の良さは米国流マーケティングの特色である。

ここで多くの子どもが「飽食とアンバランス」の両方のやっかいな問題を抱え込んでしまう。

1980年代後半からの「健康志向」は、20歳代後半の一部の女性層で強まった傾向であり、子どもたちには関係がなかった。

その後を追加しておくと、1990年代に「健康志向」は広まり、2000年代に入り不況対策の食の「家庭回帰」が進行している。

食の家庭回帰は好ましいが、所得減少局面での生活防衛策であるから、必ずしも一汁三菜の和食化への切り替えとはいかないようだ。家族で鍋ラーメンやコンビニ販売のハンバーグのたぐいも多い。

それでも外食を我慢して、家庭の台所を使う回数を増やす方向を評価しないわけにはいかないのである。

(3) 和食は家庭にあるのかないのか？

戦後の復興後は「風土からの食材離れ」と「伝統食離れ」なのである。

「風土からの食材離れ」とは、食材を育てるのに適した日本の恵まれた生産力を放棄することである。「伝統食離れ」とは先祖が利用していた食材と調理法を放棄することである。

これをもって日本食文化の衰退という。

具体的には「米離れ」「魚離れ」「野菜離れ」……になる。反対から見ると「パン好み」「肉好み」「菓子類好み」……となる。

「過剰の中から好みを選択」という生活スタイルの一般化である。地球上において日本が一番幸せな食生活を実現しているとも解釈できよう。世界中からのおいしい食材や食品を集めて、どの食べ方がよいかを自由に決められるのである。これは幸せというのではなく、恵まれ過ぎと言うべきかもしれない。

なぜ幸せと言えないのか？　民族の文化を弱めて幸せと言えるはずはないが、この視角からでは理解しにくい。そこで次のように記しておこう。

日本食文化の衰退によって肥満の人、糖尿病予備群、体力低下の人、骨粗鬆症の対象者が増加してます。

日本人の心の中では、感謝の心の弱まり、旬へのこだわりの薄れ、年中行事の放棄、地域文化の消失が進んでおります。

これで、栄養のバランスを重視する学校給食の役割や、改正学校給食法で新たに加えられた「食育」の充実を軽視できないことがお分かりになると思う。

III 食育を理解しよう

1 食育とは何であるのか？

(1)「食育」という表現は明治時代から

「食育」は大切である。それでは「食育とは何か」と問われると戸惑ってしまう。

食育の「食」の解釈が難しい。食育の「育」は教育であることは見当がつく。

「食」の内容は次に説明することにして、まず「食育」という表現は新しいものではないということから説明していこう。

石塚左玄が1896（明治29）年に「食育」という表現を使って「体育　知育　才育は即ち食育なり」と表している。

村井弦斎が1903（明治36）年に「小児には徳育よりも、智育よりも、体育よりも、食育がさき。体育、徳育の根元も食育にある」と記した。

石塚左玄は学者であり村井弦斎は新聞編集長であった。両人とも１世紀以前に、食育は教育の中で最優先すべきことを表明している。

それでは現代においてはどうかと問えば、やはり「食育は大切である」に止(とど)まってしまう。

残念ながら「食育を最優先すべき」という一般認識ができていない。むしろ認識が弱いと言えるのではなかろうか。

それでは現実からアプローチして、「食」の問題は解決済みなのですか？

と問おう。

答えは逆である。食育を教育の中で優先すべき度合いが、現在の方が明治時代の当時よりもはるかに高くなっているのではあるまいか。食に端を発する問題が、暮らし方のみならず、子どもの健康にまで広がっているからである。

2005（平成17）年に食育基本法が施行され、2009（平成21）年に学校給食法が改正された。

学校給食の目的の中に栄養補給に加えて「食育」が加えられた。その内容を再現しておこう。

（第一条）「この法律は、学校給食が児童及び生徒の心身の健全な発達に資するものであり、かつ、**児童及び生徒の食に関する正しい理解と適切な判断力を養う上で重要な役割を果たす**ものであることにかんがみ、学校給食及び学校給食を活用した食に関する指導の実施に関し必要な事項を定め、もつて学校給食の充実及び学校における食育の推進を図ることを目的とする。」（傍点は筆者記す）

(2) 子どもの成長と食育

最初の問いかけの「食育とは何か」に戻ろう。

石塚左玄と村井弦斎の表現からおおよそ察しがつくように、「食育」とは食に関わる教育体系である。食に向かう「心構え」（マナーなど）から「流通」（感謝など）、「栄養」（健康など）、「食し方」（調理など）、「食文化」（伝統食など）を含む幅広い教育体系なのである。

小学校の教科で言えば、ほとんどが係わりをもつ。家庭、保健、理科、生活、社会などは「食」の教育内容が多い。さらに調理や田畑での「体験学習」もある。

子どもは毎日、成長しているのであるから、食のしつけや体験は早期からの方が望ましい。

幼児からの食育事例や方法の工夫も豊富になってきている。

（年齢別）体の特徴と食育のポイント

1～2歳（保育）	3～5歳（保育・幼稚園）	6～7歳（小学校低学）	8～11歳（小学校中高学）	12～17歳（中学・高校）
離乳後。大人の食事に近づく準備期。栄養バランス大切。消化の良いものを。食事を楽しく。	偏食させない。アレルギー多いから注意。好き嫌いができる。調理法と見た目に工夫を。	乳歯から永久歯へ。給食ない期間の栄養バランスに注意。生活リズムの乱れを朝食で回復を。	男女の体型が異なってくる。栄養所要量が大人に近い。間食多めの食生活にならないように。	男は二次成長期、女は思春期。骨格づくりのための栄養バランスを。生活リズムの維持を。
カラフル、食感	盛りつけ、楽しく	作って、楽しく	自然で体験	正しく、選べる

上の表は年齢別の体の特徴と食に向かわせるときの心がけをまとめてある。

子どもの体も脳も短期間のうちに大きく成長する。体は小さくても中学生までに体の全てが大人の入り口まで成長してしまう。短期間でのことであるからなおさら栄養と食育が大切になる。

親の認識と対応によって子どもの人生の有り様が変わってくる。子どもの教育に関しては親の役割が基本になるので、子を持つことは、子と一緒に新たな挑戦という心構えが不可欠になる。

(3) 食育の範囲は生活から人生の広さまで

そこで食育の内容を次に整理しておこう。

食育の内容

①一家団欒を大切に……食卓でのコミュニケーション。食の意味を少しずつ教える。

②朝食の大切さ……朝の食卓のよい雰囲気づくり。１日のスタートの大切さ。栄養知識も。

③栄養バランスの大切さ……３歳頃からおいしさの中で教える。偏食対策を。

④マナー教育……「いただきます」の意味。箸の持ち方。食器の位置。

⑤大切に食する……「もったいない」の意味。動植物への関心を食と結びつける。

⑥農業・漁業を見せる……早い時期に体験も。遊び感覚とおいしさから親しませる。
⑦食の文化を……祖父母の手づくり文化を。地域の特色と我が家の食を一緒に楽しませる（母の味、郷土料理、年中行事と行事食、家族の記念日と祝い食）。
⑧外食の利用の仕方……節度ある利用の仕方の習慣づけ。
⑨安全に作る方法を……手洗いの習慣づけ。食中毒の理由を。季節ごとに衛生の話を。
⑩地方特産を食せる理由……流通と働く人びとの話を。遠方の新鮮な食品を食せる理由。
⑪食料の重要性を……国内自給率の意味。災害対策としての備食の意味。

食育の範囲は広く、どの項目も厚みがあり、教育方法も多彩である。

表中の項目と内容はほんの一例であるが、一応の目安にはなろう。

①から⑪まで、子どもの成育にしたがって重要になってくる項目を挙げている。表を一瞥すると「食育」とは生き方や人格形成に関わりをもつことも理解できよう。

食の知識を増やすことも、生活スタイルの確立も人生の中ではほんの一面に過ぎない。食育の目指す方向は、社会人として親としての立派な人格形成にある。食育とは世代を超える教育なのである。

ところが、家庭において食育をしてみると意外にも容易なことではない。

表中に記されている食育が、子どもの成長に合わせて順調に進められることの方が稀と言える。

(4) 学校給食での食育は家庭の食育を補う内容になっている

家庭で難しい「食育」を「給食」の場で補えられているのか？

「家庭で行いたい食育」と「給食に期待する食育」というテーマでのアンケート調査結果がある（ここでは2006年東京都武蔵野市によるもの）。

それによると、まず「家庭で行いたい食育」は次の通りである。

「家庭で行いたい食育」

①「食べ物を粗末にしない」 ②「規則正しい食事」 ③「食事作法やしつけ」 ④「食事の準備や後かたづけ」 ⑤「栄養バランスへの配慮」 ⑥「食文化の理解」 ⑦「偏食の矯正」

このような順位となっている。

次に「給食に期待する食育」は同じ項目で訊ねると次のようになる。

「給食に期待する食育」

①「栄養バランス」 ②「食べ物を粗末にしない」 ③「食事の準備や後かたづけ」 ④「規則正しい食事」 ⑤「偏食の矯正」 ⑥「食文化の理解」 ⑦「食事作法やしつけ」

ここで気がつくことは、保護者は家庭で行いにくい「食育」を給食の場で実行されることを望んでいる。

家庭ではうまくできないだろうと思われている「食育」の項目は、「１．栄養バランス」、「２．食事の準備や後かたづけ」、「３.偏食の矯正」である。

学校給食の場では正にこれらの項目の内容を重視しており、家庭の役割との補完関係が成立している。

2 実際に行われる一般的な食育の例

(1) 予定献立表と給食に関連する情報発信

食育のオーソドックスな方法が「給食だより」等の情報発信である。

これは栄養士が中心となって作成しているのであるが、献立に関連する食材や食生活や行事等の食文化などの内容を盛り込んでいる。

調理場によっては、給食献立のレシピや調理場の様子を知らせる内容を盛り込むものもある。

いずれも保護者に見てもらえることを念頭に置いて定期的に発信するものであり、給食職員はこれにかなり時間を割いている。

給食関係者とのつながりを築き、生活で利用していくためのよい資料となる。

保護者には、よい読者になってほしいと願いたい情報紙である。

(2) 給食放送用原稿の作成

校内では給食放送を実施しているところがほとんどである。

放送の頻度は学校ごとに異なっているが、毎日子どもたちに情報を流すところも少なくない。

その内容の多くは献立とその内容、食材と生産者の紹介、食材と栄養についてである。

知ることは関心を高めることである。美味しく残さず食べるためのよい情報発信となっている。

前節で掲げた「保護者による学校に期待する食育」のほとんどの項目が、この給食放送と次に説明する学級訪問による食育で実施できている。

(3) 栄養士や調理員の学校訪問と栄養やマナー指導など

昼食時、給食中の教室に栄養士や調理員が出向いて子どもたちに食育を行っている。

先の食育の内容表で見たように、指導しなければならない項目は多い。

例えば「いただきます」の意味、感謝の理由、箸の持ち方、食材の特色、食さなければならない栄養の話、給食の作り方など、保護者が指導現場を目にすれば、職員の子どもたちに対する丁寧な話に満足するはずである。

調理場を持つ自校方式と数校を受け持つ共同調理場とでは、食育については対応の仕方が異なると言わざるを得ない。

自校方式の場合は教室の数が少なく、また調理場が付設しているので足を運びやすい。１年生の初めは交流が大切であり、アットホームな雰囲気の中で配膳指導から食育指導が行われる。

一方、共同調理場の方は受け持っている学校数が多く、訪問するにも自動車を使わなければならず、頻繁には訪問できないという事情がある。それでも調理員の協力があれば、年に数度は学級を訪問できる。このような事情を補うために、大がかりな食育行事を用意しているところもある。

(4) 給食のメニューや様々な目的を加えた給食方式で食育

給食メニューの中で、栄養士が力を入れているのは季節ものの利用である。

食で季節を感じ、季節を楽しむ「旬」を強く意識している。子どもたちに旬を知って味わってもらうために、農家での収穫時期にも注意を払うというわけである。

こうして近隣の農家との関係づくりに進展していく。

地産地消という考え方は、給食においては「地場もの」としてずいぶん以前から定着している。給食から始まった農家との交流が、多くの授業の中で利用されるようになってきている。

農業体験もその一つであるが、給食と組み合わされて実施されると子どもに及ぼす影響は大きいものになる。

食材の旬と関連してくるのが年中行事の「行事食」や郷土料理である。

多くの調理場が主要な行事食を年に数度は提供しているし、郷土料理も出していよう。

給食そのものとは別に、食器にこだわる給食を出したり、野外授業のための弁当給食にしたり、記念日を利用してバイキング方式にしたり、保護者や地域の支援者を招いて子どもたちと一緒に食べる交流給食にしたりといった工夫がある。

こうしたバリエーションは、保護者の関心や要望があれば一つひとつ作り上げられていくものである。

したがって給食のスタイルにおける特色は、年月をかけて学校単位のものが作られていくものなのである。

(5) 授業やクラブ活動における食育支援

小学生になると低学年から「食」に関連する単元が増えていく。

例えば低学年における豆の成長記録、芋掘り体験、タケノコの皮むき、田植えや稲刈り体験から始まり、高学年のご飯の炊き方、農家の仕事調査、食品工場の調査、給食を利用した食品流通調査や環境対策といったテーマがある。

また中学生になると家庭科における調理実習があるし調理クラブもある。栄養士や調理員が指導したり、教諭との共同指導で教育効果を高められる可能性が残されている。

ところが実際には、協力して成果を上げるための可能性を認めながらも、教諭との調整が不充分で実行に踏み切れていないという場合が多いようだ。

これは、校長あるいは副校長の指導で一気に改善しそうなテーマでもある。

(6) 保護者や市民も含めた食育

保護者や市民向けの催しや実習は、学校および自治体ごとに様々ある。

一般的なものは食育講座や調理実習であろう。保護者のための給食試食会というのも多い。

給食関係者から望まれていることは、子どもたちの親や保護者の協力である。子どもたちの健全な成長のために、家庭においてもバランスのある食事内容と規則的な生活習慣を身につけさせてほしいという願いからである。

そのためにも、給食で指導していることや、子どもの成長と食事についての基礎を知ってほしいと願う。保護者や市民に食育の催しの企画を用意するのも、これが動機となっている。

こうした催しは、平日に実施すれば参加者が少なく、職員の翌日の任務に差し障りが出るので土日開催が多い。土日開催の食育案内を目にしたら、休日を返上して子どもたちの将来を考える給食職員の思いに、保護者は応えて欲しいと願わざるをえない。

(7) 味覚教育の大切さが分かってきた

食育の方法は多様である。様々な工夫を凝らして食育を行っている。

これまでは多くの地域で共通に見られる食育方法だけに触れたに過ぎない。

ここで新しい食育方法として「味覚教育」の広がりについて説明しておこう。

これまでの食育の説明の中で不足していることがあった。

①味覚に関する教育……甘味、酸味、塩味、苦味、うま味などの正しい表現の仕方。

②これに視覚、嗅覚、聴覚、触覚などを加えて……五感による「味わい」の様々な表れ方。

こうしたことを上位においた食育によって、人は感覚を研ぎ澄ませ、表現が豊かになり、味わい方が多彩になる。人生を豊かに過ごすことの下地を整える食育である。

実は、この味覚教育を本格的に行っているのはフランスである。1974年にジャック・ピュイゼが行った味覚授業が最初である。

日本でも近年、この味覚教育の大切さが理解されてきている。

食材や色合いや風味が重んじられる和食の日本において、味覚教育は受け入れ易いはずである。

色合いで味わいが変わる、ダシで感触が変わる、煮方で他の食材との相性が変わるなど、昔から味覚教育の神髄は理解されてきている。これを子どもたちへの教育として、プログラム作りが始まっているのである。

3 食育に携わる人々

(1) 校長先生の食育に対する温度差は大きい

食育の進展は、校長先生の考えを反映して学校ごとに異なる。

同じ自治体の中での教育委員会のもとでも、食育内容は学校ごとに違っている。

その理由は幾つか考えられる。

まず校長先生の存在すなわち取り組み姿勢を見逃すことはできない。食育の以前に、校長先生の「食」に対する姿勢が大きく異なっている。驚くほど食への関心を強くする校長先生がいるかと思うと、ほとんど無関心の方も結構多い。幼少からの家庭環境や育てられ方さらに卒業学科などが「食」に向き合う姿勢を形成するから異なってくるのは当然のことである。

しかしこの異なりが「食育」への対応姿勢において大きな格差となって顕れてくる。

とは言え、多くの校長先生は強い意志と責任感を有しているから、食育基本法の施行以降は食育を理解することに時間を割いて、関係職員の支援をしようとしていることは指摘しておこう。

(2) 食育の中心は栄養士である場合が多い

栄養士の考え方が食育に大きく反映される。

給食の献立づくりを任される立場であるから、当然食育のやり方や内容が栄養士の熱意や勉強度によって変わってくる。幸いなことに、総じて栄養士は食育に熱心と言えよう。

栄養士の食育のやり方も、仕事の場が特定の学校（単独調理校）である場合と、数校の児童・生徒の給食をつくる大調理場（共同調理場）とでは大分異ならざるを得ない。栄養士の考え方を反映させやすいのは単独調理校に勤務する場合である。共同調理場であれば、食育の展開を関係する数校に広げて計画しなければならない。各学校に出向いて食育をすることになるので、やはり児童・生徒との交流は弱いものにならざるを得ない。多くの場合、調理員と協力して、給食づくりから派生させた食育を行っている。

栄養士は食育の中心者であるから、栄養士の食育への取り組み姿勢の違いが学校全体の食育のあり方を左右することになる。また食育の実行には、企画、書類作成、提案力、段取り等の作業が不可欠となるが、この面での個人差も大きい。校長先生だけではなく役所の教育関連課の支援や保護者や農家との折衝も必要になる。それが得意な人とそうでない人の違いは明確に出てしまう。

したがって、栄養士の役割と責任はかなり大きいものになると知っておかなければならない。

2004（平成16）年7月1日に施行された栄養教諭制度は、この差を小さくし同時に食育の充実化の推進に寄与するものである。

近年注目されるのは、各教科の教諭と栄養士との協力関係の強化である。

教科の中には、分野を問わず食育に関連する教育内容が多く含まれている。その中で栄養士の協力を得た方が教育効果を高めやすいケースが出てくる。

例えば子どもたちの食材・食品調査の指導において、農家や食品づくりに携わる方々との交流を経験させながら、半年後には子どもたち自身によるメニュー作成、さらには給食による試食という自主研究型の教育がある。子どもたちに社会性と自主性を身につけさせる注目すべき教育である。

筆者は、東京都昭島市におけるこうした教育成果の報告会を目にする機会を得た（2013年1月）。同市では、これに止まらずさらに一歩進めるという食育であり、それは役所のホールで、子どもたち自身にその経過を発表させるという試みである。子どもたちを主役にする教育は、教育関係者や市民にとっても学べる好機であり、大きな食育効果が期待されるのである。

(3) 調理員の役割は大きい～もっと評価されるべきである～

給食は調理員の頑張りがなければできない。

給食の調理場は一般のレストランの調理場とは大きく異なる。大勢の子ども達の昼食を毎日つくる気苦労に立ち向かっている。それだけに給食を中心にした食育においても大きな役割を担えるはずである。

よく栄養士だけが奮闘している現場を見聞きするが、人数の多い調理員が活躍できる機会を作ることを優先すべきである。調理員の協力をどれだけ得られるか、これは栄養士に課せられた重要テーマなのである。

もちろん調理員が食育をリードするという事例も多くある。調理場を備える単独校の場合は、子どもたちの方から調理員に声をかける機会も多くなる。食農教育に調理員が協力しても、子どもたちは当然のことのように受け止めよう。

一方、共同調理場の場合は学校から離れて立地しており、日常は児童・生徒との係わりをもちにくいのは事実である。しかし、調理員の人数が多い分だけ昼食時間の教室に出向ける機会も多くなり、また学校での調理科目や調理クラブでの食育機会においても調理員は適任となり得る。さらに共同調理場からは、保護者対象の調理実習などでは貢献しやすいし、年に数度の大がかりな食育行事を企画しやすくなり、単独校とは違った食育活動ができるのである。

給食においても食育においても、そのレベルを決定づけるのが調理員の働きであり、その前提に適正な評価と調理員自身のプライドおよび前進意欲がなければならない。

(4) 学校ごとに食育リーダーがいる

学校ごとに「食育の年間指導計画」が作成されているはずである。

そこには学習内容と時期が記されており、教科や給食との関連からの食育や農業体験および食に関わる人の食育講話などが実施されていく。

食育の推進は、複数の教科と学校給食の関係者とが協力し合うと成果が高まりやすい。

そのためには関係教員の調整役が必要であり、実際に各学校に食育リーダー（主任）が置かれている。

食育リーダー（主任）の役割は重要であり、それだけに専門知識や取り組み事例についての勉強会は不可欠となる。多くの地域では、この先生方が集まった勉強会が年に数度行われている。そこでは栄養士や外部の食の専門家の話を聞いて学ぶことが多い。

ところがこの勉強会において、食育の推進のために参加する先生とそうではなくて義務的参加で来ている先生とに分かれてしまっているようだ。どちらかというと後者が多くなりがちである。学校の先生は自分の担当業務だけでも多忙である。

それでも食育に熱心な先生がいるとすれば、多くは校長先生の考え方が反映されている場合が多い。したがって食育への取り組みは、学校ごとに大きく異なってくるのである。

平成20年３月に学習指導要領が改訂されて、その総則に「学校における食育の推進」が明記され、複数の教科において食育に関連する授業内容が入り込んでいる。各教科の教諭と給食関係者との協力関係の強化は重要性を高めており、ここにおいて食育リーダー（主任）の調整的役割が大いに期待されるのである。

(5) 教育長と教育委員会との役割および首長（市長、町長など）の影響力

最後になったが教育委員会と教育長の役割を記さなければならない。

先に校長の食育に対する役割を記したが、校長に影響を与えられる地位が教育長である。

毎月の開かれている校長会では教育長が中心となる。教育長が食育の推進に指針を出せば、校長は何らかの対応策を考えて自校の先生方に提案することになろう。

先に食育も校長の考え方次第（しだい）と記したが、実質的には「教育長の考え方次第である」と言い換えた方が正しい事例が多い。

それほど教育長の役割は大きいのであり、食育が展開するもしないも自治体全体で見れば教育長の考え方次第であると言える。

それでは教育委員会はどのような立場にあるのか。

教育委員会は「教育委員」と互選された「教育委員長」からなる。

改めて言うまでもなく、教育行政は大切であり着実でなければならない。教育方針の一貫性や継続性を重んじて、教育委員会での話し合いを最終決定としている。この委員会の代表は教育長ではなくて教育委員長なのである。

教育委員には、住民の中から文化関係で実績を上げている人に依頼することが多い。

選ばれた教育委員は特定部門の専門家であっても、小中学校の教育体系や行政関係については必ずしも詳しくはない。そこで教育長がとりまとめ役すなわち事務局を指揮・監督する役割を担うのである。

教育長の前歴も一様ではないが、校長経験者や教育関係の部長を経験した役人が多いようである。

国民にはほとんど理解されていない「教育長」と「教育委員長」の役割の違いであるが、教育長より提起された案件を委員会で取り仕切るのが委員長とも言える。先にも記したように教育行政は慎重でなければならない。このような組織もそれを反映している側面がある。

さて、首長（市長、町長など）の影響力に言及しておこう。

市や町村の自治体の長を「首長」と総称する。首長は教育分野に直接は介入できない決まりになっている。地域や国家にとって本来、教育行政は最重要分野であるはずであるから、政治的介入を制限しているのである。食育への取り組みも、多くは教育長を介して学校に伝達されていく。

とはいえ市長が「食育を充実させる」という公約を掲げて当選すれば、当選後は市長から教育長に申し出があり、教育委員会においてそれを議題に上げるというケースはある。

したがって食育に対しても、市長の考えは反映させることはできるのである。

(6) ところが地方教育行政法が改正され2015年４月から「総合教育会議」が新設される

本書の校正中に、上記の (5) に関連する「地方教育行政法」が改正された。

変更点は次の通りである。

i）教育委員会の教育委員長を廃して教育長に一本化する。

ii）教育委員も教育長と同様に首長（市長など）が任命し任期を３年に短縮する（これまで４年)。

iii）新設の「総合教育会議」は首長が主宰する。

以上、これは首長の権限強化であり、教育行政の主導権をこれまでの教育長から首長へ移動させることを意味する。

このようになった背景には、いじめ問題、体罰問題などへの対応で誤った地域があった。

食育に目を向けると、教師、校長にも認識において差の大きいこのテーマを、首長がどの程度分かっているのかということにつきる。学校の現場を知らず、教科の内容に関心を持ったこともなく、教師の役割を正しくわきまえない首長が多いなか、教育の中心の食育行政を首長に任せるという発想は常識的には出てこない。

それどころか首長は当選してからが勉強の毎日で、お役人の指導に向き合わないことには、どの分野も暗中模索のはずである。１年が過ぎ首長職に慣れてきても、今度は１日の予定を覚えきれないほどの激務で悩まされ続ける。

先にも記したが、教育行政は本来、首長には向かない分野であり、介入させてはいけない分野である。

教育行政に対する評価には時間がかかるから、誤りが分かったときには国民の犠牲、国家の大損失が後に放置されていくことになるのである。

Ⅳ 学校給食の社会的役割の大きさに気がついていない

1 「社会的共通資本」としての学校給食

学校給食の社会的役割は大きい。

学校給食という制度は社会の重要な財産である。このことを明らかにしておこう。

学校給食の目的は学校給食法に明記されている。本書ではすでに食育との関連で、57頁にその目的の全文を掲げておいた。

そこでの要点を再現すると次のようになる。

ⅰ)「児童及び生徒の心身の健全な発達に資する」

ⅱ)「児童及び生徒の食に関する正しい理解と適切な判断力を養う上で重要な役割を果たす」

ⅲ)「もつて学校給食の充実及び学校における食育の推進を図る」

ここでのⅰ)は適切な給食の提供によることであり、ⅱ)およびⅲ)は食育の推進に係わることである。

学校給食は給食だけに価値があるのではない。

給食とそれに関連させた食育や地産地消など、給食に付随する良い結果が広く波紋を広げていく。

このような良い影響を経済学では「外部経済」と表現する。

「外部経済」を継続的に作り出せる学校給食という制度は「社会的共通資本」と称することができる。

「社会的共通資本」とは日本学士院会員・東京大学名誉教授の宇沢弘文氏の考え方である。

公共政策の適正を判定するのに不可欠な社会的共通資本の意味を、氏の文章で示しておこう。

「一つの国ないし特定の地域に住む全ての人々が、ゆたかな経済生活を営み、すぐれた文化を展開し、人間的に魅力ある社会を持続的、安定的に維持することを可能にするような自然環境と社会的装置を意味する」(宇沢弘文『経済学と人間の心』東洋経済新報社、120頁)。

学校給食はここでいう正に優れた「社会的装置」なのである。

氏は、より具体的に「社会的共通資本は自然環境、社会的インフラストラクチャー、制度資本の三つの大きな範疇にわけて考えることができる」(同、121頁)として、「制度資本」を教育、医療、金融、司法、行政などを挙げている。

学校給食は教育における「制度資本」であり見事な「社会的共通資本」なのである。

2 もし給食がなければ教室はどうなるだろうか?

まず読者に問題提起をすることから始めよう。

「同じものを皆で食べられる」という学校給食の良さは何ですか?

多くの子どもたちは「皆で同じものを一緒に食べられるから楽しい、おいしい」と応える。

一部の子どもたちは「学校給食がなければ教室の中で食べたくない」と応える。

この後者の応えに対して、読者は何を思い浮かべるであろうか?

この一部の子どもたちに、どのような事情があるのか理解できるであろうか?

中学生の中には「トイレの中で食べた方がまし」と応えた生徒がいる。この心情を理解することができるであろうか？

子どもたちの心の中では「弁当格差」がとてつもなく大きな障害なのである。

そして越えられない障害なのである。些細なことを遊びのネタにしてしまうこの年代において、仲間の視線に対する感受性は鋭く脆い。

子どもたちの家庭の事情も様々である。朝を欠食する小学生はクラスで約３人、親が離婚した単親世帯の割合は約３分の１、収入の低い非正規社員約４割弱、……。

もし給食がなければ、昼食のためのパンかおにぎりを買うために、登校の際にコンビニに立ち寄る子どもたちの割合はどれぐらいになるであろうか？

それどころか、昼食ナシでやり過ごす子どもが出てこよう。この子たちが学校の一角に集まりだすとどうなるか。先生方はこのようなことを予測できよう。

また、昼食ナシの子たちにパンを与えることが、後の解決にならないことも知っている。

さてもう一度問おう。「同じものを皆で一緒に食せることの良さは何ですか？」

多くの国民にとって、多くの保護者にとって、本当のところは考えたことのない問いかけなのかもしれない。

皆で食せることの大切さを一緒に覚えて、コミュニケーション豊かな人生を歩みましょう。

失われつつある日本の食生活の一面を、学校給食が補っているのである。

3 家庭では伝えられない日本の食文化～学校給食が最後の砦（とりで）か？～

(1) ユネスコ無形文化遺産登録の「和食」は家庭にない

和食の維持は、日本の食文化の維持と学校給食の役割についても軽視できないテーマである。

1960年代からの食生活の変化には経済の高度成長があった。国民の所得増加と食料輸入が加わり、コメ中心の食生活から肉類や油脂類を優先する生活に急変してきた。

1970年代に入りファーストフードなどの外食が入り込み、生活スタイルまでも変わることになる。

2011（平成23）年、家計支出においてパンがコメを上回った。

これからもパンへの支出は増加し、麺類への支出はゆっくり増加し、そしてコメへの支出は減少し続けよう。コメの消費量の減少に伴い、味噌、醤油、納豆、お新香、野菜類、根菜類、魚類といった伝統食材・食品離れが徐々に進んでいる。

日本食から離れることはそれだけに止まらない。

年中行事の伝承、儀式・儀礼、お墓参り、近所づきあいといった文化の有り様まで変容してしまう。

2013（平成25）年12月4日に「和食」がユネスコ無形文化遺産に登録されたが、現在の日本の家庭の中では和食が消えつつある。

和食の特徴は次のようにまとめられよう。

i）自然の尊重。

ii）「だし」を使い食材の持ち味を引き出す。

iii）発酵食品を使う（みそ、しょうゆ、日本酒など）。

iv）食生活内容のバランスがよい（コメ、味噌汁、魚、野菜など）。

v）動物性油脂を多用しない。

vi）料理に葉や花を添える（美しい盛りつけ）。

vii）季節感がある（食器にも、部屋のあつらえも）。

viii）年中行事と関連する（正月、田植えなど）。

ix）食事の時間を家族や地域と共有（コミュニティー、絆（きずな））。

一方、日本の現状はどうであろうか？言わずもがな、読者の推察の通りである。

ユネスコ無形文化遺産の和食を過去のものにしてよいのだろうか。

(2)「和食」が登録された理由と他国の無形文化遺産

では、なぜ和食が無形文化遺産に登録されたのであろうか？

しかも「食」の無形文化遺産は、それまで世界で次の４例しか存在していなかった。

ｉ）フランスの美食術（主要な行事を食で祝う社会的慣習。食、食材、料理構成、食器、マナーも合わせて）

ii）地中海料理（スペイン、ギリシャ、イタリア、モロッコ、キプロス、クロアチア、ポルトガル。地中海沿岸の産物の収穫法、加工と調理、食に至る社会習慣。オリーブオイル、魚介類、乳製品、野菜類などによるバランスよい料理）

iii）メキシコの伝統料理（トウモロコシ、豆、唐辛子を基本とする技法や道具および祭礼、儀礼と結びついた伝統料理）

iv）トルコのケシケキの伝統（結婚式や割礼、祝日、雨乞いの儀式などで供される麦がゆの食事とその野外での準備方法）

これらの４例に共通していることは、①伝統的であり、②健康的な料理であり、③コミュニティーを大切にし、④作るのも食べるのも家族や集団でのものである。

「和食」も同じように捉えることができる。

例えば正月の「おせち」料理で考えてみよう。

①従来から食材を神に捧げて感謝する習わしがあったし、調理して食する行事も江戸時代からと伝統的である。

②家族や親族との絆や近隣との交流を促すものであった。

③多様な食材を用いて、健康との関係についての謂われも伝承してきた。

④大晦日から本家を中心に大勢で協力して作りあげ、皆で楽しく食してきた。

日本の「和食」の登録とともに、他国の申請も登録されている。それは次の３つである。

ｉ）韓国のキムジャン（キムチの製造と分配）

ii）トルココーヒーの文化と伝統（コーヒーの入れ方、道具、16世紀にまで遡る情報交換の慣習）

iii）グルジアのクヴェヴリ（伝統的な壺を用いたワイン製造法）

(3) 年中行事で先人は何を伝えようとしたのか？

先人は、子や子孫に「より良い生活」の方法を伝えようとする。

年中行事はそれを象徴するものといえよう。ところが日本の現在、年中行事といえばバレンタインやクリスマスであり、チョコレートやケーキを備えて気楽に楽しめる。「おせち」や「チラシ寿司」や「おはぎ」や「赤飯」を家庭で作るという歴史は終えつつある。

全国共通の主要な年中行事は35ほどあるが、これで365日を割れば「約11日ごとに年中行事がきています」と教室や講演会場で話すと、ほとんどの方は驚く。

「これに家族の誕生日などの祝い事を加えると約１週間ごとに行事はやってきます」と付言するとなぜかこちらを注視するようだ。

年中行事で先人は何を伝えようとしたのであるか？

結論だけを記すと「感謝」「健康」「先祖」「収穫」である。どれもが日本では意識されなくなってきている。

文化は地方が守っている。食文化も同じである。

ところが地方の伝承者が高齢化の時を迎えている。急いで伝承しようにも多くの地方は過疎化で若者が少ない。

こう書き綴ってこの節を終えなければならないが、学校給食の役割の視点を入れると、まだ希望が残るのである。

(4) 学校給食が日本の食文化と行事食を守る

学校給食は日本の食文化を子どもたちに伝える力がある。

本来、それは家庭での大切な役割であるが、都会を中心にしてすでに日本食文化の伝承力は衰退してきている。

都会での伝承力の弱さには歴史的な理由がある。

2014年現在、団塊の世代が65歳を通過中であるが、中学・高校を卒業してすぐに祖父母、両親と遠く離れたものが多い。

団塊の世代とは、1947（昭和22）年から1949（昭和24）年までに誕生した大集団である。

この世代が都市への移動集団の核であり、その前後の世代も若いうちから地方の文化圏から出ている。そして現在、都市部での子どもたちはそれから３代目になっている。団塊世代は先祖伝来の文化圏から出て、都会で忙しなく働くことを余儀なくされて、今ようやく引退の時期を迎えている。

団塊世代の多くの人は出身地に目を向け始めているが、祖父母や両親がこしらえてきた地方の食事や行事食を再現できるほどの知識は持ち合わせていない。

家庭において弱まっている機能を学校給食が補っている。

すでにⅢの❷「実際に行われる一般的な食育の例」の節（60〜64頁）で学校給食の食育を紹介した。

日本食となるとまず米飯であるが、学校給食ではかつてのパンに代わり米飯を積極的に出すようにしてきている。この背景には文科省からの通達もあった。1976（昭和51）年に学校給食の主食として米飯を明確に位置づけ、1999（平成11）年まで助成金を付けている。

2007（平成19）年に米飯給食が全国平均で週３回を達成し、2009（平成21）年３月31日に週４回へ向けて推進するよう通知文が出された。その時の理由を次に引用しておこう。

「米飯給食については、日本の伝統的な食生活の根幹である米飯の望ましい食習慣の形成や地域の食文化を通じた郷土への関心を深めることなどの教育的意義を踏まえ、これまで『米飯給食の推進について』（昭和60年12月）により、その推進を図ってきたところです。

日本や世界の食糧をめぐる状況が大きく変化していることや、食の安心・安全の確保、食料自給率の向上や環境への配慮などの観点も勘案し、米飯給食の実施が平成19年度に全国平均で週３回の状況になったことを踏まえ……米飯給食の推進を図ることとしますので、引き続き、その一層の推進について御配慮くださるようお願いします。」

こうして学校給食では、米飯を中心に据えて、イモ類やにんじん等の根菜類や豆類、野菜類、魚類などによる副菜で日本食を出す回数を多くしてきている。

日本食のための食材調達においては、多くの学校給食で地場産志向があり、これに手づくりが加えられて昔からの家庭食に近づけられる。

年中行事を迎えれば、子どもたちが大勢であっても、できる限り行事食づくりの工夫を凝らす。

例を挙げておこう。

１月は正月のお雑煮風みそ汁、２月は節分で大豆を使い、３月は桃の節句でちらしごはん、５月はちまき、７月は土用の丑の日でうなぎごはん、９月はお月見団子、11月は七五三で赤飯、12月は冬至でかぼちゃ入りすいとん。

学校給食には、この他にも地元野菜や果物の「旬」をメニューに入れるし、学校の行事に相応しい弁当給食やおにぎり給食やバイキング給食など、各々の学校での工夫がある。

付言を要するのは、子どもたちに献立を提供するだけではなく、言葉で伝えて、文章で説明して、保護者にも紙面で学ぶ機会を提供していることである。

家庭で弱まってきている日本の食文化を、親に代わって伝えている学校給食であるが、このことも充分には理解されていないのである。

4 地産地消の推進と食料自給率の向上に寄与している学校給食

(1) なぜ「地場産もの」は安全なのか？

学校給食は農家の応援団であり、食料自給率の向上に大きな役割を果たしている。

多くの調理場関係者は、なぜ近隣農家の生産物を給食で使いたがるのか？

その答えは、子どもたちに安全でおいしい給食を食べて欲しいからである。

それではなぜ、近隣農家の生産物が安全でおいしいのか？

まず「安全」の方から説明しよう。

近隣農家の生産物が全て安全とは限らない。減農薬栽培や特別栽培をしていると宣言している農家は少数派である。ところが多くの農家は栄養士の要望に耳を傾ける。

「子どもたちのために減農薬でお願いできませんか」、「給食でこんな野菜を使いたいのですけど、栽培していただけませんか」といった話を栄養士は農家の集まりで伝えてくれる。

初めは少品種で少量の納入であっても、次第に農家側の意欲は強まり仲間も増えてくる。

農家にとってのメリットは何か？

それは、自分の作品（農産物）が子どもたちに食べてもらっていることへの誇りであり喜びである。金銭面では、給食費でまかなうという制約があるから、農家にとってのメリットは少ない。早朝の収穫と納品にかかる時間と手間を考えると、農家の収入が増加するというほどのものではない。しかし農家の方でも、販売ルートをある程度多様化しておきたいという考えはある。経営の安定化のためにである。学校給食への納品も、その意味では1つの販売ルートということになる。

給食関係者の方から言えば、「近隣」であることは有り難い。

近隣であることは安全確保の「保障」である。給食は関係農家の子どもも食べるし、近所の子どもたちも食べる。「農薬を減らして下さい」と言い続けなくても、農家は有機栽培に近づけていく。

農家とのこうした関係が、給食時間における農家のお話や子どもたちの農業体験につながっていく。

こうした経験をする子どもたちからすると、通学路沿いの農地は「自分の食料庫」であり「自分の教材」である。

農家の次の言葉を紹介しておこう。

「学校給食に出すようになって、畑でのいたずらがなくなったよ」

これが地産地消の良さを物語っている。

(2)「地場産もの」のおいしさの理由とは？

次に、近隣農家の野菜や果物はなぜ「おいしい」のかを説明しよう。

野菜でも果物でも魚類でもおいしさの基本は「新鮮」にある。

早朝、庭先から摘んできた野菜のおいしさは、思わず知人にしゃべりたくなるほどのものである。

調理の過程で熱しても天ぷらにしても、新鮮な素材の時は区別がつく。

朝どりの野菜が届けられ、学校給食の調理場で包丁を入れる調理員は「野菜の香りが違う」と言う。

朝どりの地場産もののおいしさを知れば、地産地消は国が推奨しなくても自然に進展しよう。流通方法の発展によって新鮮さは家庭に届けられるようになっているが、それでも産地でのおいしさは忘れられてきていると言わざるを得ない。

地場産給食には、もっとおいしいという理由がある。

食物は作ってくれている人を知ればもっとおいしくなる。顔を知っておいしくなり、話しておいしくなり、農地で体験してさらにおいしくなる。

おいしさを作る極地は、自ら生産に係わることである。

種を蒔く、苗を植える、草取りをする、収穫をする、調理をする、そして皆で食する時に感動が生まれるのである。この時の感動が子どもの豊かな人生への栄養となる。すなわち人生の方向を決めることになる場合が多いのである。

子どもの教育において、どんな感動を経験させられるかが評価の尺度になろう。感動を生み出すためには、子ども自らが参加する体験が不可欠になる。

学校給食とは、このような可能性を含んだ場であり機会なのである。

(3) 地産地消から国家の食料自給率の向上に寄与

「地場産もの」という表現は、農家や学校給食の関係者が日常使っている。

一方、「地産地消」という表現がある。

地産地消の範囲を最大まで広げると「国産」であり、その割合は「食料自給率」になる。

さて、2013（平成25）年12月26日、食育基本法に基づく「第２次食育推進計画」の一部が改定された。その中で学校給食における「地産地消」および「国産」の割合について、次のように表現されている。

「学校給食に地場産物を使用し、食に関する指導の『生きた教材』として活用することは、地域の自然や文化、産業等に関する理解を深めるとともに、生産者の努力や、食に関する感謝の念をはぐくむ上で重要であるほか、地産地消の有効な手段であるため、学校給食において都道府県単位で地場産物を使用する割合の増加を目標とする。

具体的には、平成16年度に全国平均で21％となっている割合（食材ベース）について、平成22年度までに30％以上とすることを目指していたが、目標を達成していないため、引き続き27年度まで30％以上とすることを目指す。

また、各都道府県内において当該都道府県産の農林水産物の供給が不足している場合に国内産の農林水産物を活用していくことも前述の学校給食に地場産物を使用する目的に鑑みれば有効であり、新たに学校給食における国産の食材を使用する割合の増加も目標として追加する。

具体的には、平成24年度において全国平均77％となっている割合（食材ベース）について、平成27年度までに80％以上とすることを目指す」（傍点

は筆者）

以上であるが、文科省の表現の中では「地場産」は「地産地消」であり、地産地消は都道府県を単位としていることが分かる。「地場産」の一般的な含意は市町村ほどの範囲であることを付け加えておこう。

さて、学校給食においては地場産率すなわち地産地消の割合を平成27年度までに30％以上にするよう推奨している。東京や大阪をはじめとして多くの地域では農地の割合が低く地域内自給ができないので、他の道県から仕入れた食材を使って、いわゆる国産利用率を平成27年度までに80％以上にせよと記しているのである。

国家の食料自給率は39％であり、目標を60％に置いている。これに対して「学校給食では80％以上を目指せ」とは、一体どうなっているのか？

まず両数値は、比較できない単位であることを理解しなければならない。

食料自給率は「供給熱量（カロリー）」で計算した数値であり、学校給食における目標値は「食材ベース」のものである。食材ベースとは給食で使用している品目数の割合になる。国産率というなら重量ベースの方がより実態を踏まえていることになる。学校給食の関係者も、使用する食料の重量や金額は記録している。

文科省の食材ベースには承服しかねるが、都道府県を範囲とした地場産率で30％以上、国産率で80％以上という表現には、学校給食に地場産を用いることによる教育効果も含まれている。

教育効果の部分を再現すると次のようになる。

「学校給食に地場産物を使用し、食に関する指導の『生きた教材』として活用することは、地域の自然や文化、産業等に関する理解を深めるとともに、生産者の努力や、食に関する感謝の念をはぐくむ上で重要である……」

「生きた教材」とするのに、地場産ものが不足する地域では「国産」を、と言うには飛躍があるが、文科省も「給食の地産地消」が教育に有効であることを認識していると受け取りたい。

(4) 都市部の中の農地の役割は大きい

学校給食が近隣の農家を大切にする理由を明らかにしてきた。

学校給食の関係者は農家の応援団であり、そこから子どもたちや保護者は農地の大切さを理解していく。農家の方々に聞いてみても「近年は私共に対する近隣住民の目が優しくなってきた」と言う声は多くなってきている。

都市の住宅地域に残る農地を見る目も変わってきた。

経済成長の局面では「農業をやるなら地方でやれ」とか「住宅地にした方が土地の有効利用になる」と評論家等がテレビなどのマスコミで堂々と発言していたものである。経済を一面だけから見て、人の生活を忘れてしまっているよい見本である。

住みよい街とは商業、農業、製造業、宅地、公園等の緑地が整然と並んでいる地域のことである。

人が多いから団地やマンションを林立させた地域でよいとはならない。人は他の生きものと同じように、緑が見えて落ち着ける遺伝子を持っているはず。

隣にマンションが建つより、野菜を作る農地があった方が心穏やかになる。近年では、農業継続の意思表明して認定を受けている畑に隣接する住宅の評価が高い。

農地の効用は緑の提供に止まらない。育児環境に向いているし、子どもにとって安心できる交通環境をつくっている。

安全というと、農地を重要視しなければならないことがある。

それは震災なかでも火災時の農地の役割である。関東大震災の記録を見るまでもなく、東京のような住宅密集地域では大地震の時の火災は免れない。火災が各地で起こるような地震の時は交通がマヒしてしまい、消火活動は無理になる。その時に一定以上の強さの風が吹いていれば、類焼は延々と続く。それを止められるのは農地や河川、公園などの緑地空間しかない。

良い街、安全な街のためにも、農業の果たす役割は大きいのである。

5 学校給食の産業連関効果は大きい

(1) 学校給食の食材に対する需要の大きさ

学校給食の役割を経済的に見てみよう。

まずは、保護者の支払う「給食費」の使途を明らかにしておかなければならない。

これは、全て給食の食材の購入に使用することになっている。したがって給食費の合計が食材需要の規模ということになる。

学校給食による食材購入は農業・漁業の生産物への支払いに直結する。しかも先に見たように77%が国産利用である。国内の農業・漁業支援の観点からも、学校給食の食材購入額の大きさは重要である。

それではその規模の計算をしてみよう。

対象を「義務教育課程」における小学生と中学生にする。文科省が2014年1月23日に公表した「学校給食状況調査」によると、2012(平成24)年度は次のようになっている。

小学生は約676万人であり、このうち完全給食を食べているのは98.8%の668万人。

中学生は約357万人であり、そのうち完全給食を食べているのは71.5%の255万人。

次に給食費であるが都道府県によって異なっている。

小学生の方は1食あたり223.2円から293.4円までの幅になっている。中学生の方は253.5円から348.3円までの幅である。

そこでいずれも中央値をとって、小学生平均260円、中学生平均300円としよう。

最後に給食実施回数であるが、これも地域によって異なっている。小・中のいずれも190回として計算してみる。

そうすると給食費の合計は次のようになる。

(668万人×260円×190回)+(255万人×300円×190回)=4,753億4,200万円

学校給食（義務教育課程）の食材需要の合計は約5,000億円ということになる。

この額の大きさを判断するために、幾つか食材の国産規模の概算を提示してみよう。

牛乳・肉の国産が2.2兆円、野菜の国産が約２兆円、コメの国産が約1.7兆円、漁業の国産が1.5兆円、果実の国産が7,000億円……。

給食による食材購入額は大きいのである。次の例も出しておこう。

外食におけるファーストフードの日本マクドナルドの年間売上額が約5,000億円、人気の高い回転寿司の市場規模が約4,800億円、ラーメンの市場規模が約4,500億円、すかいらーくの年間売上額が約3,000億円……。

コメや牛乳、タマネギ、ニンジンというように食材を個別に見ていくと、学校給食における需要が重要であることが分かってくる。コメにしても牛乳にしても国内需要の多くを占めるのであり、弱体化してきている国内生産者の大切な支援者となっているのである。

需要として学校給食を見ると、まず国産志向であること、次に使用量と季節に安定性が高いこと、したがって生産者の方からは計画的に対応しやすいということになる。

(2) 食材需要以外の産業連関効果も大きい

学校給食の経済効果は食材需要だけではない。

小中学校の給食調理に携わる人員は、常勤が３万2,197人、非常勤が２万4,197人である。

栄養教諭と学校栄養職員は１万2,096人である（いずれも2012年度）。ここまで合計すると６万8,490人になる。

学校給食にはこの他にも常勤の事務職員、パートの給食配置員、嘱託および常勤の給食運搬車運転手等がおり、全て合計すると10万人近くの職場になろう。学校給食は雇用機会の提供という側面からもその大きさが注目される。

これを消費支出による景気浮揚の観点から見ると次のようになる。

10万人の1か月当たり給与を平均にして15万円とすると年額で1,800億円になる。これは総所得であるから、ここから1割を貯蓄に回すとしても1,620億円が消費に向けられて新たな需要を創出する。

経済学の乗数理論の考え方で説明すると

〔所得→（貯蓄）→支出＝誰かの所得→（貯蓄）→支出＝誰かの所得→……〕

という経緯をたどって需要を大きく喚起していく。

学校給食の経済効果はこれに止まらない。

例えば食器類に注目すると、これは移動時の振動や洗いの際に小さなキズが入りやすい消耗品である。目についたものから新しいものと替えて行かざるを得ない。

耐用年数が長いものとしては給食施設や器具があり、運搬用の車両がある。定期的な購入規模の合計は莫大なものになる。

給食に必要な道具類の産地調達で地域産業振興につなげている事例も多い。

例えば食器の場合であるが、各地に陶器の産地があり、多くは子どもたち全員が「○△焼き」の食器で給食を食べながら産地を守るという例も多い。

6 弁当づくりの時間とコストはどれぐらい？

(1) 手づくり弁当の「機会費用」の大きさ

「学校給食か？　弁当か？」

よく論争になるテーマである。

しかしこのテーマは難しいものではない。子どもにはお母さんのつくった弁当が最良である。

「お母さんの味」も「お母さんへの感謝の気持ち」も手づくり弁当で培われるし、自分が親になった時に弁当づくりに勤(いそ)しもう。お母さんの弁当は子どものお腹を満たすだけでなく、日本の文化の伝承の可能性も含むものなのである。

ところが、弁当を持たせられない事情が増えてきている。

経済的な理由もある。離婚の問題もある。心がけの悪い親もいる。

一方、現代は女性の社会的活躍が期待される時代である。

男女機会均等法や男性の育児休業制度、育児・介護休業法、短時間勤務制度の実効性を高めることや託児所の整備等が不可欠になってきている。家庭での弁当づくりも含めて「ワーク・ライフ・バランス」の考え方が社会の優良性を測る基本になってきている。

それでは日本の現状はどうであろうか？

多くの人が承知しているように、どれもが達成度が低く、先進国の中では成績が悪い。

弁当づくりは大方、お母さんの仕事になっている。

お母さんが社会で働くときの条件として、弁当づくりを含めて家事一切の仕事の担当者になっていることを考慮されたものになっているかと問うと、答えは「これからの国家の課題」であるという現状である。

都市部を中心に、社会で働くお母さんに弁当づくりを余儀なくすると、その負担は大変大きなものになる。朝の欠食の児童・生徒に加えて、弁当代わりにコンビニ食品を持参する子どもたちがどれほどの割合になるものか？

もちろん多くの保護者は弁当を作るであろう。その場合でも、次のことは知っておかなければならない。

朝の1時間でお弁当づくりとは言っても、食材の購入やメニュー思案の苦労は時間に換算できない。こうした時間を自分の仕事や休養や老人の介護や勉強に充てられたとして、その価値の合計は大きなものになろう。

この大きさを経済学では弁当づくりの「機会費用」という。現代社会では弁当づくりの機会費用が次第に大きくなりつつある。

さて冒頭で表した「学校給食か？　弁当か？」の問いかけであるが、女性の置かれている立場が変われば答えも変わるということである。この考え方の延長に少子化対策があり、日本の政治的対応の後進性が浮かび上がってくるのである。

(2) 手づくり弁当にいくらかかるだろうか？

ついでに家庭で弁当を作る場合に、どれほどの費用がかかるか説明してみよう。

ここでは小学校の上級学年から中学生を想定して、食材を多彩（５～６品）にし、色どりにも気を遣うがあくまでも一般的な弁当であることを想定しよう。子どもの喜びを意識すれば、自然にこのようになるという弁当である。

弁当箱の半分にごはん、もう一方の半分に海老フライ、ハンバーグ、ポテトサラダ、ウインナー、玉子焼き、ミニトマト。ごはんには未開封のふりかけを付けておく。

これが早起きしてつくるお母さんの通常の弁当の中の風景である。玉子焼きとポテトサラダとミニトマト以外は５、６個入りの冷凍食品であり、残りは別の日に使える。

これでいくらかかるか？

結論は400円前後となり、給食費を100円程上回る。

ごはんは50円、ふりかけは30円としてある。ただし、ガス代、油代、水道代、調味料代、電気代は入っていない。食材の価格には幅がある。例えば卵でも１個20円～50円のランクがある。ここでは「なるべく低価格のものを」と意識して購入する食材で試算してある。

付記しておかなければならないのは、お母さん方の親睦関係の緊密化は、同時に弁当を次第に立派なものにしていくことであり、手抜きは減っていく。これがお母さん方の一つの層であるとすると、弁当づくりにはいくつもの層ができている。例えば普通派、軽視派、手抜き派、作らない派と色々なタイプができよう。

先に記したように、給食とは様々な問題をクリアしてくれるのである。

V 食物アレルギー対策について考える

1 増える食物アレルギーと対応のための体制の弱体化

学校給食に関連して、多くの未解決問題が存在している。

それらの中で、喫緊かつ難題は児童・生徒のアレルギー対応である。

アレルギー対応で明るさが見えてこないのは、次のような理由がある。

①食物アレルギーの児童・生徒が増加している。

②アレルギーの原因となる食材（アレルゲン）も多様化している。

③呼吸困難や腹痛やじんましん等のアナフィラキシー症状の体験者も増加している。

④一方で、給食提供側の体制が未整備である。

⑤また単独校から共同調理へ、公営から民間委託へという方向性がアレルギー対応を難しくしている。

アレルギーは医学的にも研究途上にあり、多くの場合その理由を特定できていない。

一方で、学校の現場の実態を把握できずして、アレルギー対応の推進を指示する文部科学省がある。

学校給食の運営者達は、文科省の指示通り、調理場の大規模化や民営化による効率化に腐心してきている。そこに食物アレルギーへの対応が加わった。

症例の増加と症状の多様化で、医師も困り果てている食物アレルギーへの対応を学校給食で行うべきと推奨されてきているのである。

2 食物アレルギーの実態はこのようになっている

まず食物アレルギーをもつ児童・生徒の実態を明らかにしておこう。

文科省による食物アレルギーのある児童・生徒の実態調査では、次のように報告されている。

○2007年の調査

・全国の児童・生徒の食物アレルギーのある人→2.6％（ほぼクラスに1人の割合）

○2013年の調査

・全国の公立小中高で食物アレルギーのある人→約45万人（全体の4.5％ 2004年調査では2.6％）

・そのうちアナフィラキシー症状の体験者→約４万9,000人（全体の0.5％ 2004年調査では0.14％）

食物アレルギーの児童生徒（公立高校）

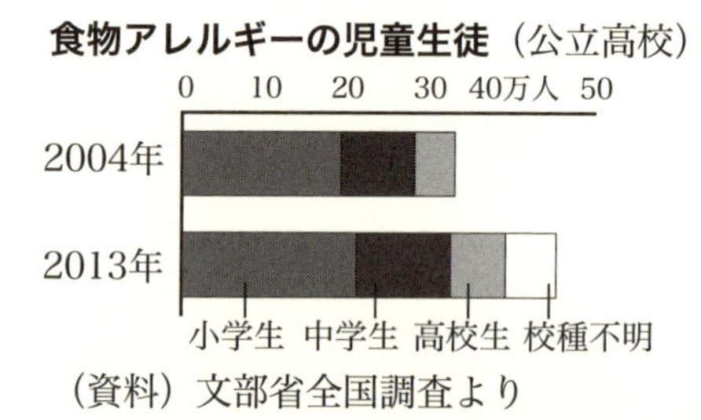

（資料）文部省全国調査より

アレルギー症状を経験したことのある都内の３歳児

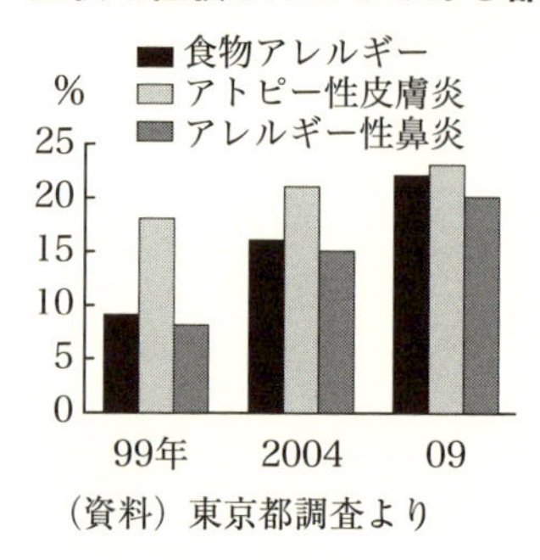

（資料）東京都調査より

食物アレルギーの増加はまず幼児に現れる。

これに関しては東京都による2009年10月の調査結果がある。

それによると食物アレルギーの経験がある３歳児はほぼ５人に１人で、この10年で２倍以上に増えているというものである。

原因別に見ると卵（71％）で最多、牛乳（27％）、小麦（10％）、いくら（９％）と続く。

これとは別に、厚生労働科学班の「即時型食物アレルギー」（食後２時間以内に発症）で医療機関を利用した患者からの調査結果がある（ここでは食後60分以内に発症）。

それによると食物アレルギーがあるのは乳児の10人に１人、有病率は３歳児で５％、保育所児で5.1％、学童児以降で1.3人～2.6人となっている。

食物アレルギーのアレルゲンは年齢とともに変化する。

先の東京都の「３歳児」調査によるアレルゲンは卵（71％）で最多、牛乳（27％）、小麦（10％）、いくら（９％）と続く結果になっている。

ここでの厚生労働科学班の調査では、次の表のようになっている。

即時型食物アレルギーの新規発症例

アレルゲン順位	０歳 (n＝678)	１歳 (n＝248)	２～３歳 (n＝169)	４～６歳 (n＝85)	７～19歳 (n＝105)	20歳以上 (n＝90)
１位	鶏卵 (55.6％)	鶏卵 (41.5％)	魚卵 (20.1％)	ソバ (15.3％)	果物類 (21.9％)	小麦 (23.3％)
２位	牛乳 (27.3％)	魚卵 (14,9％)	鶏卵 (16.6％)	鶏卵 (14.1％)	甲殻類 (17.1％)	甲殻類 (22.2％)
３位	小麦 (9.6％)	牛乳 (8.9％)	ピーナツ (10.7％)	木の実類 (11.8％)	小麦 (15.2％)	果物類 (18.9％)
４位	—	ピーナツ (8.5％)	牛乳 (8.9％)	果物類 魚卵 (10.6％)	鶏卵 (10.5％)	魚類 (12.2％)
５位	—	果物類 小麦 (5.2％)	小麦 (8.3％)		ソバ 魚卵 (6.7％)	—

(出所)「食物アレルギーの診療の手引き　2011」

(注) 調査対象は、食物摂取後60分以内に何らかの症状が出現し、かつ医療機関を受診した患者。

食物アレルギーのアレルゲンを、全年齢で表した図を掲げておこう。

食物アレルギーのアレルゲンを全年齢で見ると

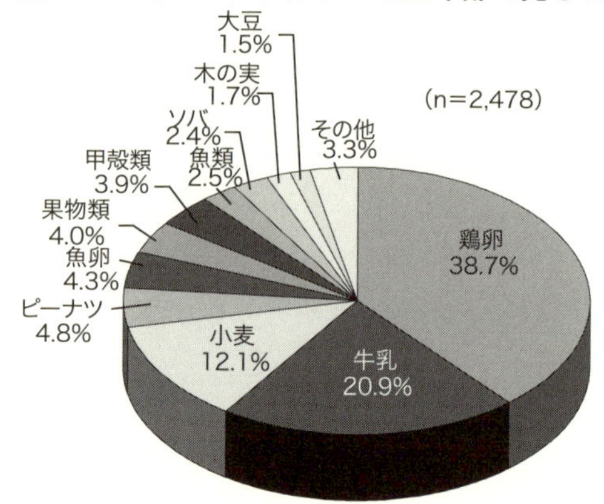

(資料)「食物アレルギーの診療の手引き　2011」

やはり最多は鶏卵（38.7%）であり、以下牛乳（20.9%）、小麦（12.1%）、ピーナッツ（4.8%）魚卵（4.3%）、果物類（4.0%）、甲殻類（3.9%）、魚類（2.5%）、ソバ（2.4%）と続いている。

3 学校給食において食物アレルギーの子どもたちに対応することは正しい

学校給食は教育の一環である。

学校給食は食からの教育である。

学校給食は子どもたちの心身の健康と成長を実現するためのものである。

どれもが学校給食の役割を言い当てている。では食物アレルギーの子どもたちに対しては、どのように表現できるであろうか。

2005（平成17）年6月に食育基本法が成立し、2006（平成18）年3月に食育推進基本計画が策定された。食育推進基本計画の中で、アレルギー対応について記されている箇所を抜粋してみよう。

「子どもの望ましい食習慣の形成や食に関する理解の促進のため、学校給食の一層の普及や献立内容の充実を促進するとともに、各教科等においても学校給食が『生きた教材』としてさらに活用されるように取り組むほか、栄養教諭を中心として、食物アレルギー等への対応を推進する。

食物アレルギーへの対応は学校給食の範囲だけに止まらず、「栄養教諭を中心として」推進すると明言されている。

ここで「栄養教諭」の説明を加えておこう。

栄養教諭の制度は2005（平成17）年４月から制度化された。その職務は次のようになっている。

①肥満、偏食、食物アレルギーなどの児童生徒に対する個別指導を行う。

②学級活動、教科、学校行事等の時間に、学級担任等と連携して、集団的な食に関する指導を行う。

③他の教職員や家庭・地域と連携した食に関する指導を推進するための連絡・調整を行う。

学校の先生の中に、食に係わるリーダーとしての栄養教諭をおく制度化は食育推進に好ましいものである。

このように学校生活の中において、食物アレルギーに対しても積極的に対応する方針を国家が示したことは重要である。

なかでも食物アレルギーの児童・生徒に対する学校給食の対応体制の整備を喫緊のものとして、次のように各自治体への指導が行われてきた。

学校給食におけるアレルギー問題と対応の推移

平成 17（2005）年 6月	「食育基本法」の成立
平成 18（2006）年 3月	「食育推進基本計画」の策定（内閣府）
平成 19（2007）年 3月	「アレルギー疾患に関する調査研究報告」（文科省；医師の指示に基づく仕組み作りを）
平成 20（2008）年 3月	「学校生活管理指導票」および「学校のアレルギー疾患に対する取り組みガイドライン」（公益財団法人日本学校保健会、文科省監修）
平成 21（2009）年 4月	「学校給食実施基準の施行について（通知）」
同	「学校給食法」改正
平成 22（2010）年 3月	「食に関する指導の手引―第一次改訂版―」
平成 24（2012）年 12月 20日	東京都調布市で食物アレルギーのアナフィラキシーショックによる死亡事故
同 12月	「学校給食における食物アレルギー等を有する児童生徒等への対応等について」（文科省）
平成 25（2013）年 3月 22日	「新年度の学校給食における食物アレルギー等を有する児童生徒等への対応等について」（文科省）
同 年 3月	「学校給食における食物アレルギー対応に関する調査研究協力者会議」の設置
同 11月 27日	「医師法第 17 条の解釈について（厚生労働省回答文）」（文科省、緊急時に教職員が自己注射薬・エピペンを注射することの合法性）
同 12月 16日	「学校給食における食物アレルギーを有する児童生徒への対応調査結果速報」（文科省）
平成 26（2014）年 3月	「学校給食における食物アレルギー対応に関する調査研究協力者会議」→ 2014 年 3 月までに 8 回の会議。次の調査報告書を作成。
同 3月 26日	「今後の学校給食における食物アレルギー対応について（最終報告）」（学校給食における食物アレルギー対応に関する調査研究協力者会議）
同 3月	「今後の学校給食における食物アレルギー対応について（通知）」（文科省）

4 食物アレルギー対応を難しくする学校給食の運営方式の変化

さて次に問わなければならないことは、学校給食における実際の対応がどのようになっているかである。

結論から記すと、食物アレルギーの児童・生徒への対応が万全なものからはほど遠いと言わざるを得ない。

アレルギー対応は担当教員や栄養士、調理員等の個人的な仕事である段階はまだ初歩的といえる。

日々の作業を繰り返しているうちに「危なかった」「びっくりした」という事態が必ず起こる。

アレルギー対応は作業の分担はあるけれども、仕組の中で「伝達と確認」が伴うところまで進化させたものでなければならない。組織的対応の中に「意思の共有化」があり「チェック機能」が伴うものでなければならないのである。

そのためには、整備されていなければならないことがある。

それは「意思の共有化」のための組織と制度の基礎が整っているかどうかという問題である。

実は、これが未整備であるというところから説明しなければならない。

①先に触れた「栄養教諭」の採用が進んでいない

文科省は食育推進計画において都道府県に対して早急に栄養教諭の充足を指示しているが進んでいない。幾つかの先進的な地域とその他の多くとの差が大き過ぎる。平成25年度における栄養教諭の配置数の実例を幾つか挙げておこう。栄養教諭の配置数が多いのは北海道（426人）、大阪府（420人）、兵庫県（331人）福岡県（283人）、埼玉県（187人）の順であり、少ないのは鳥取県（19人）、茨城県（23人）、和歌山県（24人）、大分県（24人）、富山県（27人）、山梨県（27人）となっている。

こうして見ると、この制度の主旨と運用方法に問題があろう。同時に都道府県から派遣された栄養教諭に、充分なポジションと役割が与えられているかどうかも気になってくる。

多くの現場において、食物アレルギー対応において栄養教諭のあるべき役割を、養護教諭や学校栄養職員等が代行することになる。しかし個人としての対応になりがちであり、子どもたちの安全を守るために機能する仕組みになっていない事例が多い

②単独（自校）方式から共同調理場（センター）方式への移行と大規模化の進展

食物アレルギー対応における「安全性」は、①児童・生徒の対象が多くなるほど、②調理場が大規模化するほど、③調理場と教室の距離が遠くなるほど低下する。

共同調理場への移行や大規模化の進行は、安全性確保のための「伝達と確認」のさらなる強化が必要とされる。

③調理場の民間委託が増加している

食物アレルギー対応における安全性は、調理場の民間委託においてさらに低下する。

民間委託は学校側（栄養士）と調理場の関係を弱めてしまう。しかも食物アレルギー対応（除去食あるいは代用食）は児童・生徒一人ひとりの対応であり、栄養士と調理員の緊密な連携が必要になる。民間委託ではこうした関係はあり得ず､栄養士から民間企業の調理リーダーへの文書連絡が中心になる。

VIの❷の（4）（110〜112頁）で明らかにするが、

〔単独（自校）方式→共同調理場（センター）方式→大規模化あるいは民間委託〕

の方向は文部科学省の指導によるところが大きい。これをさておいて、食物アレルギー対応が社会の課題であると見なせば、給食・教育の現場の変化を無視した対応の徹底化を迫る。

現場で変化を余儀なくされた部分を把握せず、支援のための具体策を示さず、さらには事後の確認作業もしない。これは文部科学省だけではなく中央

行政のいつもの変わらぬ姿勢である。
　現場での事故の理由を突き詰めていけば、やはり根本に中央行政における認識の甘さに辿り着く事例が多いのである。

5 食物アレルギー対応の前に心がけなければならないこと ～食物アレルギー教育も急ぐべきである～

　給食は教育の一環であるが、食物アレルギー対応もまた教育の役割であると踏まえなければならない。
　食物アレルギー対応に誤りは許されないから、教育現場では、①確実にできることを、②安全確保の仕組みの中で訓練されていることから、実行すべきである。
　すなわち〔食物アレルギーの元となる食材（アレルゲン）を除く「除去食」の提供→対象を広げる→「代用食」の提供→対象を広げる〕というように実績と経験を重ねながら対応を進展させていく方法である。
　失敗は人命に関わるのである。安全確保のための仕組みの中で「伝達と確認」が確実に行われていることを全職員が認識できていなければ、次のステップに進ませないという慎重さが必要なのである。
　もう一つ大切なことがある。
　食物アレルギー対応は教育の役割であるべきと先に記したが、食物アレルギーの症状の増加や症例およびアレルゲンの広がり等について理解するための教育を本格的に導入すべきである。
　食物アレルギー対応は学校関係者だけのものというのでは、いかにも作業としての処理の域を脱し得ない。食物アレルギーの増加と症例の広がりを知れば、栄養教育と同列の教育対象となっていなければ片手落ちであることに気が付こう。
　食物アレルギーはもはや自分の子や孫の問題といえる。それどころか、加齢して自分がアレルギーであることを知るケースも多い。食物アレルギーは人ごとではないのである。

食物アレルギーの原因食材等
表示義務あり……卵、乳、小麦、えび、かに、そば、落花生
表示推奨……あわび、いか、いくら、さけ、さば、牛肉、鶏肉、豚肉、オレンジ、キウイフルーツ、もも、バナナ、りんご、大豆、まつたけ、やまいも、くるみ、ゼラチン

アレルギーの原因食材はこれだけではない。身近なものに限ってみてもトマトなどの野菜類やメロン、パイナップル等でアレルギー症状が出るケースも出ている。

したがって食物アレルギーは正に現代の問題であり、皆が知っておかなければならないテーマなのである。教育の現場でなぜ除去しなければならないのか、代用食でなければならないのか、食物アレルギー対応とは、症状のある子と一緒に学んでこそ生きた教育ができるのであり、今すでに時遅しの感すらある。

6 食物アレルギー対応においてここが要（かなめ）である

給食における食物アレルギー対応には重要なポイントが幾つかある。

それを先に掲げておこう。

①教育委員会が食物アレルギーに対する取り組み姿勢を掲げること。

②保護者と学校との情報確認を対応の必要条件とすること。

③アレルギー疾患の児童・生徒に対する対応を全職員が周知すること。

④対応の実践において給食の〔献立作り→調理→配膳〕までの流れにおいて誤認が生じないように「チェック機能の導入」を持つこと。

⑤緊急時のためのアドレナリン自己注射薬「エピペン（登録商標）」の管理と使用マニュアルを整備し、迅速な対応を準備しておくこと。

①から⑤までの各々に若干説明を加えよう。

①トップの理念の浸透が仕事を確実なものにする。

自治体では教育長のリーダーシップと教育委員の能力がキーポイントになる。

学校では校長の信念の強さが職員の士気を高める。

利潤動機で活動する企業の明暗は社長次第と言われるが、教育分野でも同じである。

教育は難しい。素人の直感がまかり通ってはいけない。ましてや政治の介入があれば時代を逆行することになる。

ところが実際には、教育長の選定は首長（市長）の人脈から、教育委員の選任は教育長の好みから指名するというケースも実に多い。教育に関わりのない人物が教育の方向を決めるポジションに着くというわけである。

食物アレルギー対応のテーマに臨むときには、学校の組織や慣行などを知っていることが条件になる。そうでなければ機能的な対応策など打ち出せないと断言できよう。

②保護者との話し合いは、問題を発生させないための初期条件である。

文科省監修の「学校のアレルギー疾患に対する取り組みガイドライン」（以下「ガイドライン」）にも記されていることであるが、食物アレルギー対応の前に医師による児童・生徒の診断結果が不可欠である。

医師の診断結果に基づいて、児童・生徒の保護者と学校側が食物アレルギー対応の仕方を充分に確認し合うことを次のステップへの条件としなければならない。

このために保護者には「学校生活管理指導票（アレルギー疾患用）」と「食物アレルギーに関する調査票」等を前もって記入してもらうことになっている（文科省監修の「ガイドライン」でもこのようになっている）。

③次は学校における対応のあり方であるが、これは校長の指導力に依存していると言っても過言ではない。

教員は全体的に加重負担になってきているが、そうであってもこの食アレルギー対応は優先課題である。さらに負担がかかるが、全職員に周知してもらわなければならないことなのである。

④職員が周知すべきは、ｉ）どのような疾患の児童・生徒が各学年にいるのか、ⅱ）次に自分が関係する学年の各クラスにはどうであるのか、ⅲ）職員同士でチェックし合う「確認票」をどのように管理すべきか等である。

これは職員間での「情報の共有化」と表現されていることである。

もう一つ重要なことは、給食の献立から配膳、喫食の流れに付随させるべき情報の共有化である。これは言うが易し、行い難しのテーマである。これを安全な仕組みにまで高められるか否かは、校長の信念と指導力次第である。

食物アレルギー対応を「個人対応」で終始し、危ない経験を繰り返していくか、確認システムを機能させた「組織対応」で安心を維持できるようになるか否かのカギを握るのが校長なのである。

⑤緊急時の対応についてであるが、研修を定期化することが肝要である。

その目的は複数の職員によって、エピペンによる緊急対応がいつでもできるようにすることである。それは、誰でも扱うことができるように工夫されているものである。職員全員がそれを理解できるようになることが研修の目的である。

先にも記したが、アレルギー全体が増加する中で、食物アレルギーも増加し原因の多様化が進行している。学校のクラスの中でもアレルギー症状を訴える児童・生徒が次第に増えてきている。

これに対して、学校給食ではどのように対応していくべきか。

繰り返しになるが「確実にできる」ことから対応していき、実績を重ねながら「対応の範囲を広げていく」という準備の仕方がよいと思う。

給食とアレルギー対策は日常のことである。そうであるからより一層の確実性が求められる。確実性を高めるためには教職員のキャリアの蓄積も必要である。アレルギー対応の範囲と程度を確実に前進させるためには、「実績の裏付を積んで次のステップへ」という経緯を辿らなければならない。

慌てるのではなく、リスクを抱えないで着実に進展させる方を選択していくべきである。

教育長も校長も「対応の中で何を維持しなければならないのか」、「確実性が保証されなければ進展とは言えない」ということを、全職員に理解させるところを起点としなければならない。ではどうやってステップアップしていくべきか。職員の士気を維持しながら前進させるためには、現場からの提案を推奨する指導法が好ましい。

文科省からの指導法もあるが、ただ押しつけるだけでは実効性が出てこない。現場からの提案を理解できる校長独自の指導が「機能する制度」を定着させていけることになろう。

VI 学校給食の実施方法についての判断の仕方

❶ 学校給食には幾つかの方法がある ～単独（自校）方式か共同調理場（センター）方式か～

(1) 学校給食の意味と内容

まず「学校給食」の意味から明らかにしておこう。

「学校給食」とは文字通り「学校で実施される給食」である。

ここでの「学校」とは一般的には小学校と中学校それに幼稚園なども含める場合が多い。文科省が把握しているのは義務教育課程における公立である。

次に「給食」とは「特定の人々に供する食」であり、「不特定の人々」としての飲食店とは対置している。

さらに給食内容についてであるが、多くは同じ献立を出す。

献立を自由に選べるやり方は「カフェテリア方式」と称して1970年代に導入している例があるが、児童・生徒が多くなればこの方法はできなくなる。

給食の内容について、学校給食法施行規則第１条では次のように３つに区分している。

ｉ）完全給食……給食内容がパン又は米飯（これらに準ずる小麦粉食品、米加工食品その他の食品を含む）、ミルク及びおかずのある給食。

ii）補食給食……完全給食以外の給食で、給食内容がミルク及びおかず等のある給食。

学校給食実施状況

2012年5月1日現在

区分		全国総数	完全給食		補食給食		ミルク給食		計	
			実施数	百分比	実施数	百分比	実施数	百分比	実施数	百分比
小学校	学校数	21,096	20,720	98.2	97	0.5	103	0.5	20,920	99.2
	児童数	6,764,619	6,683,778	98.8	14,681	0.2	15,125	0.2	6,713,584	99.2
中学校	学校数	10,633	8,302	78.1	58	0.5	723	6.8	9,083	85.4
	生徒数	3,569,010	2,552,989	71.5	11,065	0.3	257,609	7.2	2,821,663	79.1
特別支援学校	学校数	1,055	917	86.9	2	0.2	15	1.4	934	88.5
	幼児・児童・生徒数	129,994	114,211	87.9	81	0.1	1,083	0.8	115,375	88.8
夜間定時制高等学校	学校数	602	356	59.1	123	20.4	3	0.5	482	80.1
	生徒数	101,586	28,796	28.3	7,001	6.9	454	0.4	36,251	35.7
計	学校数	33,386	30,295	90.7	280	0.8	844	2.5	31,419	94.1
	幼児・児童・生徒数	10,565,209	9,379,774	88.8	32,828	0.3	274,271	2.6	9,686,873	91.7
（参考）幼稚園	園数	12,700	6,448	50.8	951	7.5	540	4.3	7,939	62.5
	幼児数	1,604,425	914,946	57.0	100,251	6.2	47,295	2.9	1,062,492	66.2

＊中学校には中等教育学校前期課程を含む。
（出所）文部科学省「学校給食実施状況調査」2014年。

ⅲ）ミルク給食……給食内容がミルクのみの給食。

このような区分をしているが、表で明らかなように、学校給食というと「完全給食」がほとんどである。したがって給食の献立は、アレルギー対応食を除いて多くは児童・生徒にとって共通のものになる。

(2) 調理場の場所で区分する「単独（自校）方式」と「共同調理場（センター）方式」の違い

学校給食で確認して欲しいことの一つは、調理場が設置されている場所である。

すなわち子どもが通う学校にあるのか、他校の子どもたちの分もまとめて作る他の施設かということである。

この視点からの区分は、一般的には「単独（自校）方式」あるいは「共同調理場（センター）方式」と称している分け方である。

(1)「単独（自校）方式」……学校の敷地内に調理場を有しているもので

ある。

(2)「共同調理場（センター）方式」……複数の学校の児童・生徒の給食をまとめて調理して、各校に配送するやり方である。

この他に「親子方式」と称されるやり方がある。

これは「単独（自校）方式」をベースにして、調理場を持たない学校向けの給食調理も行うやり方である。調理場を持つ方を「親」とし、持たない方を「子」とした一般的な呼称である。多くの事例は地域的に双方が近隣であることを条件としている。したがって小学校の調理場で近隣の中学校向けにも調理し、中学生の成長段階に合わせてカロリー等を配慮した盛りつけを想定し、おかずも1品加えて提供するというものが多い。

この他には業者に弁当づくりを委託する「業者弁当方式」というのもある。

いずれの方式においても、自宅での調理による「自家製弁当」を自由に持参できるようにしている地域が多い。これは先に記した「給食か？　弁当か？」(86頁）という論議の延長として「手作り弁当」を貫きたいという保護者の存在や、アレルギー対策として「手づくり弁当」を持たせたいという保護者の考えを尊重するためである。

それでは次に、よく論議の対象になる「単独（自校）方式」と「共同調理場（センター）方式」の良い点と不自由になりがちな点をまとめておこう。

(3)「単独（自校）方式」と共同調理場（センター）方式の善し悪しを比較するときは注意を！

「単独（自校）方式」と「共同調理場（センター）方式」にいずれにも一長一短がある。

しかし、比較項目の多くに対して安易に結論が出せるほど一様ではない。先の表における項目を最少にしてあるのは、それが理由だからである。

給食現場の実態を知ると、いずれかの方式に優劣をつけるのではなく、運営の仕方がどうであるのか、といったことの方が重要であることに気がつく。したがって、一般に言われている「単独（自校）方式」だから「良い給食」、「良い食育」あるいは「地場産利用が多い」と直截的には決めつけられない。

幾つか例を挙げて説明を加えておこう。

単独（自校）方式と共同調理場（センター）方式の評価

「単独（自校）方式」	「共同調理場（センター）方式」
良い点	良い点
①児童・生徒とのふれあいがしやすい ②給食への感謝の気持ちが強まりやすい（作る現場を想像しやすい） ③配送時間が短いため給食温度が管理しやすい ④教職員との連携で食育を進めやすい ⑤食中毒などの緊急時に被害を最少にできる	①経費の節減をしやすい ⅰ）施設、設備、事務管理、労務管理、衛生管理の面から ⅱ）食材等の大量発注などの面から ②地産地消（地場産利用）量を増やしやすい（農家の供給力が弱まってきている）
不自由になりがちな点	不自由になりがちな点
①施設、設備が小型でも地域全体で見ると当初経費は多くなる	①児童・生徒とのふれあいは調理員の協力がなければ弱くなる ②学校教職員の連携はしにくくなる ③給食の配送時間がかかる分、温度管理に留意が必要 ④食中毒などの緊急時の被害が大きくなりがち

(ア) 単独（自校）方式の方が「おいしい」か？

「単独（自校）方式」の方が「おいしい」と思い込んでいる人が圧倒的である。

同じ自治体において両方式で給食を作っている事例は多いのであるが、次のことを知らなければならない。

まず「単独（自校）方式」でも「共同調理場方式」でも、給食の作り方は同じであるということを伝えておかなくてはならない。使う食材や調理法も同じである。

職員は、定例会において勉強や研修や報告を一緒にやっているのである。

給食の作り方の基本は文科省の各法で決められている。しかも自治体の中では数年ごとに人事異動がある。

では実際に食している児童・生徒の反応はどうかというと、両方ともに

「おいしい」が多い。

気を付けなければならないことは、給食を食する時の温度（温かさ、冷たさ）管理である。この点だけ「共同調理場（センター）方式」は移動時間を考慮した対応が必要になる。ただし給食を入れる容器は保温用が普及していることを付言しておこう。

（イ）地産地消（地場産利用）を進めやすいのは「単独（自校）方式」の方なのか？

地産地消（地場産利用）を進めやすいのは「単独（自校）方式である」という決めつけも注意を要する。地産地消を進行させるには、①給食リーダーの考え方（給食課長など）、②栄養士、調理員の考え方、③農家の支援体制、などがうまくかみ合わなければならない。ここでは農家の側からコメントをしておこう。

農家にとって給食に向けるための栽培計画を実行するなら、一定の量があった方がよい。同時に農家は、お互いに補え合えるグループを持っていた方が安心である。天候によっては約束の日に出せないこともありうる。だから農家グループの結成を先行させるところがある。このかたちを実現するのが最も心強い。

また、農家にとって学校給食は「量が少なく、朝早く、しかも自ら届けなければならない」ことが負担になる。そうすると「どうせならもっと使って下さい」という希望が出てくる。

このようなケースでは使用量が多くなる「共同調理場方式」の方が、地場産ものを多く発注しやすい。

（ウ）食育を行いやすいのは「単独（自校）方式」の方なのか？

食育についても考えてみよう。

通常は「単独（自校）方式」の方が「児童・生徒への食育が行いやすい」と考えられている。

その理由は、栄養士や調理員とのふれあい機会が多いからということになる。確かにふれあいの機会は多くなるが、それが本格的な食育につながるか否かは別である。

食育を行うためには、年間スケジュールの中で計画されたものが組み込まれていなければならない。だから、栄養士や調理員が近くいるだけで食育が進むと即断はできないのである（また各校に栄養士が配属されていない事例も多い）。

一方、「共同調理場（センター）方式」から見るとどうであろうか？

この方式の場合、栄養士はもちろん調理員が児童・生徒数に応じて多く配置されている。

ここの責任者（場長等）が各校の校長と連携を図り、食育を実施するとなれば多くの職員がいるから、計画的に組織的に大がかりに行うことも可能になる。

また食育の対象を保護者や住民にまで広げた食育行事を行えるのも、この方式の方が準備しやすいのである。

このように両方式に行い易さの差はあるにしても、「良くできるか否か」はリーダーと職員一人ひとりの心がけ次第であると結論づけられる。

2 学校給食の民間委託の実態と問題点

(1) 民間委託の進行状況

それでは近年進行中の「調理場の民間委託」になったら、どう評価できるであろうか？

前節において、単独（自校）方式と共同調理場（センター）方式では置かれている状況に違いはあるにしても、例えば食育の場合に「職員の一人ひとりの心がけ次第」であるという表現で締めくくった。

ところが、こうした期待をもつことができなくなるのが「民間委託」なのである。なぜなら「心がけ次第」と期待される調理員はいないからである。

調理員は民間企業側の人材であり、民間委託とは彼らに給食作りを任せることなのである。

通常、「民間委託」による問題とは「調理業務の委託」によるそれである。

調理業務以外の委託には「運搬」、「物資購入・管理」、「食器洗浄」、「ボイラー管理」などがある。

一般的に知られていないのはコメの「炊飯委託」である。

これが予想以上の多さになっている。2012（平成24）年5月1日現在、学校数でみて小学校では56.7%、中学校では56.8%にもなっている。ご飯は外部委託で、おかずは自校でつくるという方式である。

他の作業工程の民間委託の割合を見てみよう。

各々の作業工程の民間委託は事情によって個別に進めることもあるが、多くは「調理業務」の民間委託の際に「運搬」、「食器洗浄」なども同時に進行させるケースが多い。

作業工程別の民間委託率

区分	調理	運搬	物資購入・管理	食器洗浄	ボイラー管理
2010（平成22）年度	31.1%	40.7%	8.5%	29.3%	19.6%

（出所）文部科学省：公立小中学校の単独及び協同調理場の業務別外部委託調査結果より。

これは2010（平成22）年度のものであるが、本書を執筆中に2012（平成24）年度の委託率が公表された。注目の「調理」の委託率が35.8%に高まった。これは予測されていたこととはいえ、次の図における2008（平成20年）度までの委託率の推移と重ね合わせると、その早さに目を見張らざるを得ないのである。

(2)「単独（自校）方式」で早く進む民間委託

調理場の民間委託は、単独（自校）方式であったところを変えて進める方が断然早い。

一般的には、共同調理場（センター）方式よりも単独（自校）方式の方が、

調理場の民間委託率

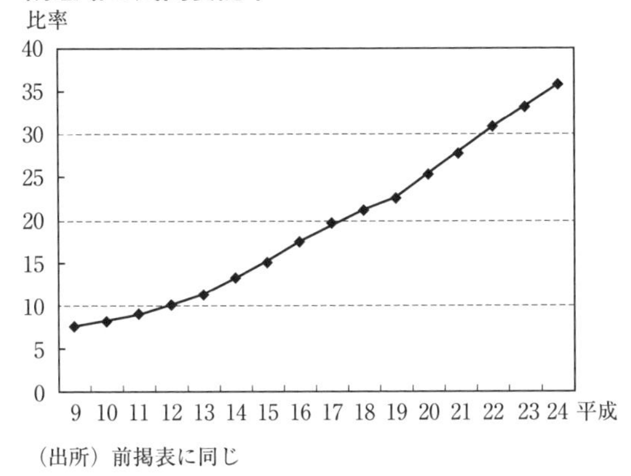

（出所）前掲表に同じ

調理場の民間委託施設数

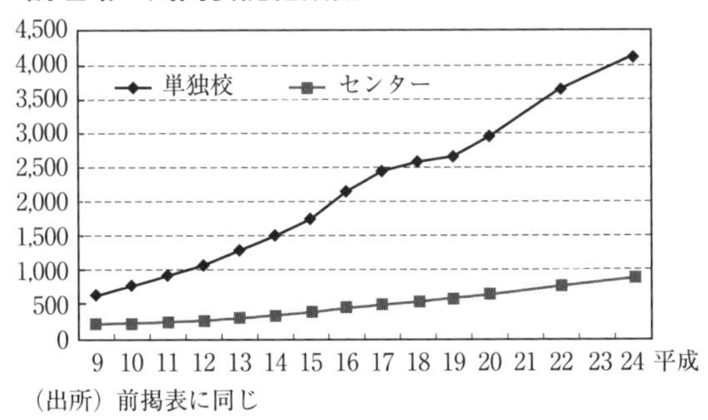

（出所）前掲表に同じ

給食と食育の両方において好ましいとされていたのであるが、民間委託は単独（自校）方式の取り崩しによる方でスピードアップしている。

どれほどになってしまったのか、全国の児童数の割合で示してみよう。

従来からの単独（自校）方式において、そのままの運営で給食を受けている児童数は６割を切ってしまっている。約４割の児童は、その調理場を民間企業に貸与された「民間委託」からの給食を食している。それを委託率と委託施設数の両面から図で示してある。

(3) 民間委託で何が変わるのか？

気になることは、調理業務の民間委託になると、給食づくりはどのように変わるのかということである。それを簡単に示しておこう。

まず給食の献立であるが、これは栄養士が作成する。栄養士は自治体（学校側）の教育委員会側に所属する職員である。これは従来のあり方と変わらない。

次に給食の食材の選び方であるが、これも自治体の食材選定委員会等の組織で決定している事例が多い。

献立が決まり、食材が選ばれ、次は給食づくりであるが、ここにおいて委託先の民間企業のスタッフが調理をする。民間企業のスタッフは栄養士の作った献立表に基づいて給食を作る。

さてここで、これまでは前日の午後に給食づくりの打ち合わせをしてきた自治体（学校側）の調理員は一人もいない。調理業務の外部委託であるから、それは「調理員を持たない」ということの選択なのである。

それでは、これで大丈夫なのか？という話になろう。

Ⅰの❷で明らかにしてきた衛生管理や安全維持、食育の向上さらには地産地消（地場産利用）の促進などのテーマにおいて、どのように変更しなければならないのであろうか。

これらの問題は簡単にはかたづけられない難題である。

それらを論ずる前に、なぜ調理の民間委託をしなければならないのかという問題から明らかにしておこう。

(4) 民間委託を進めようとした文部科学省

学校給食の民間委託化を問うとき、まず文部科学省の姿勢から問わなければならない。

すなわち文部科学省からの「学校給食業務の運営の合理化について」が、各都道府県の教育委員会教育長あてに通達されたところから説明しなければならない。

それは1985（昭和60）年１月21日のことである。

その論旨は、以下の通りである。

「学校給食は、児童生徒の心身の健全な発達に資し、かつ、国民の食生活の改善に寄与することを目的とし、学校教育活動の一環として実施されており、その業務の運営については、臨時行政調査会、臨時行政改革推進審議会及び総務庁から合理化の必要性が指摘されているところであります。

ついては、今後、各設置者が左記事項に留意の上、地域の実状等に応じた適切な方法により運営の合理化を推進するよう、貴管下の市町村教育委員会等に対し指導及び周知徹底を願います。」（傍点は筆者）

ここでいう「合理化」とは「人件費等の経常経費の適正化を図る」ことである。

それを、次のように表現している。

「一　学校給食業務の運営については、学校給食が学校教育活動の一環として実施されていることにかんがみ、これを円滑に行うことを基本とすること。また、合理化の実施については、学校給食の低下を招くことのないよう十分配慮すること。

二　地域の実状等に応じ、パートタイム職員の活用、共同調理場方式、民間委託等の方法により、人件費等の経常経費の適正化を図る必要があること。

三　設置者が、学校給食業務の合理化を図るため、パートタイム職員の活用、共同調理場方式、民間委託を行う場合は、次の点に留意して実施すること。

（一）　パートタイムの活用（省略）

（二）　共同調理方式の採用

ア　パートタイム職員の活用を図るとともに、調理員の稼働の効率を高めること。

イ　近代的な施設設備を導入し、衛生管理及び労働安全の面に配慮しつつ調理工程の合理化を図ること。

（三） 民間委託の実施

ア 献立の作成は、設置者が直接責任をもつて実施すべきものであるから、委託の対象にしないこと。

イ 物資の購入、調理業務等における衛生、安全の確保については、設置者の意向を十分反映できるような管理体制を設けること。

ウ 設置者が必要と認めた場合、委託者に対して資料の提出を求めたり立ち入り検査をする等運営改善のための措置がとれるよう契約書に明記すること。」（傍点は筆者）

1985（昭和60）年1月21日付で文部科学省（当時は文部省）は体育局長通知として、学校給食の合理化を進める要請を行っているのである。

合理化の方法も「二」において「パートタイム職員の活用」「共同調理場方式」「民間委託」と具体的に指摘している。

「パートタイム職員の活用」は正規職員の給与から時間給への変更であり、コスト削減を要請するものである。

「共同調理場の実施」は児童・生徒1人当たり諸経費の削減を求めるものであり、多くの給食施設が単独（自校）方式から大型のこの方式に替えられてきた。

そして「民間委託」であるが、先に記したように「三」において「設置者の責任」で献立を作成し、「設置者の意向」を反映する食材購入、安全確保を行うよう要請している。

かくして給食調理方法の流れの中に〔「単独（自校）方式」→「共同調理場（センター）方式」→「民間委託」〕という主流が形成されるようになったのである。

こうした主流形成の背景に地方財政の悪化があったことは事実であり、その対策が「学校教育活動の一環として実施」されている給食づくりの方法に及び、明確に経費削減の方に変更すべく要請がされたのである。

(5) 民間委託のすすめと教育ビジョンは一致するのか？

児童・生徒に給食を提供することは、健康維持のためだけでなく教育機会の創出でもある。

このことは、この通達の中でも別の表現で触れられている。すなわち「教育活動の一環」として、と表現されている。しかし民間委託の方向は「教育活動」や教育機会を減ずることになる。

国家の発展の基礎に教育がある。民族の誇りの基礎に教育がある。全ての国家は子どもの未来の力を信じて運営されている。

さて、現代の日本において、財政削減のために学校給食づくりの方法を変える通知を文部科学省が出した。合理化すなわち経費削減を前提にして、このような方法しかないかのように具体的に表記して出した。

これをどのように評価するのが妥当であるのかは、ここでは読者に委ねることにしよう。

その後の2005（平成17）年７月、「食育基本法」の施行が文部科学省、農林水産省、厚生労働省の３省連携で発表された。

これに基づき2009（平成21）年４月、「学校給食法」が改正されて、学校給食の役割に「食育」も明記されることになった。

Ⅲの❶で明らかにしたように、「食育」とは正に教育の本質に係わることであり範囲が広い。

食育は人の誕生から始まり、人生を全うするところまで続く。学校においては、多くの教科が食育を抱えており、時間不足に苦しみながら取り組んでいる。

そして学校給食の関係者も、どのように食育に取り組むべきかを考え工夫を凝らしている。

文科省の方針に関して、ここまでの話をまとめてみよう。

合理化通知で「民間委託」を進行させてしまい、同時に食育の人材を減らしてしまって、学校給食法の改正でこんどは「食育の充実化」を図りなさいという流れになっている。

教育現場ではどうしたらよいのであろうか。

教育というのは、指導する側にビジョンや方法に迷いがあっては遂行できない。

国家の教育も同じである。教育というのは費用対効果を求められるほど単純な話ではない。家庭での教育でも地域及び国家の教育でも、「これだけはやっておかないと将来の繁栄は確保できないだろう」と考えて取り組むものである。

(6) 1985年の「合理化通知」でどのようなことになろうとしているのか？

(ア) よく頑張っている残された調理員

1985（昭和60）年の文科省の「合理化通知」はどのような影響をもたらしたのであろうか？

まず調理員に対してであるが、「後継者の採用を控える」となれば当然、多くの調理員は意気消沈してしまう。学校給食の専門職員としての誇りを見失ってしまう。次第に高齢者層が厚くなり、若い調理員はアルバイトとなれば職場の活性化を失っていくのも当然といえる。

現在も調理の正職員数は減少中であるが、「多人数対象という調理作業の激務に耐え、トラブル件数も増やさず、よく職務を全うしている」と、全国レベルで見るかぎりそう言わざるを得ない。やはり教育の一環としての食づくりに対する強い信念が、給食づくりの姿勢を日々新たにしている成果であると想像するしかない。

一方、民間委託の調理作業はどうであろうか？

(イ) 民間委託で「おいしい」をどう解釈したらよいのか？

調理場の民間委託によって、給食が変わるのか変わらないのか。

メニューは同じ栄養士が作っているので、本来は民間委託によって給食は「変わらない」はずである。ところが、民間委託をした後に「給食のおいしさはどうですか？」といったアンケートを行い公表している事例が多い。

もちろん結果の多くは「以前と変わらない」「おいしい」といった選択肢に答えが集中していて、「まずくなった」という指摘は少ない。

これをもって民間委託にしたことの「正しさ」を伝えようとしているようであるが、これも注意を要する。

「はじめに」とⅠの❸で記したように、学校給食はおいしさを第一目標にして作っているわけではない。おいしさを最優先すれば、低価格競争も戦略に組み込んだファーストフード等の外食業界と同じになろう。

(ウ) 衛生、安全対策は大丈夫なのか？

衛生や安全対策はどうであろうか？

これも民間委託先の企業が悪いわけではない。自治体側のそれまでの給食施設をそのまま使い、Ⅰの❷で示した文科省の指導に則り給食づくりをしているはずである。

ただし、次のことは一般的なことであるので伝えておこう。

民間企業は利益を出さなければならない。利益を出すためには経費削減であるが、削減できるところは人件費がほとんどである。

したがって調理員の中の正職員は委託する前の半分ほどしかいない。反面、総人数は委託前を上回るケースが多い。すなわちアルバイト採用の人材を多用しているということになる。アルバイトの一人ひとりは経験が少ない。そこを人数で補わなければならない。

このような状態で企業として利益を維持しようとすると、正職員も含めて比較的低い給与水準にせざるを得なくなる。だから勤続年数が短い職場ということになるのである。

(エ) 民間委託で食育はどうなるのか？

民間委託による食育力の低下に対して、調理員と児童・生徒とのコミュニケーションを調べるアンケート結果でカバーしようとするケースも少なくない。

これも食育の内容や方法を理解できていない典型である。

Ｉの❷で明らかにしたように、食育は児童・生徒の心を動かさなければならない。児童・生徒の学習意欲を変えるような感動や体験がよい方法であり、計画的でなければ成果が出にくいこともすでに明らかにしてきた。

これに対して、民間委託で「調理員とのコミュニケーションはどうですか？」といったアンケート結果を保護者に知らせている事例もあることを知らせておこう。

(オ) 民間委託で地産地消（地場産利用）はどうなるのか？

最後に地産地消（地場産利用）の促進との関係について言及しておこう。

学校給食で地産地消を進めてきた主役は栄養士と農家である。栄養士に信念があれば農家も役人も動き出す。

ここで忘れてはいけないことがある。地場産ものを給食にしているのは調理員である。地場産利用を進展させるためには、市場における細かい規格（ランク）から外れるもの、すなわち大き過ぎのもの、小さすぎのもの、曲がったものも調理しますといった関係ができていることが望ましい。

こうした関係は農家と調理員の連携から生まれる。したがって農家との会議には栄養士のみならず、調理員の代表も席を同じくすることが不可欠である。

低農薬、新鮮を前提条件として、農家と調理員が納入前に畑での作物の状況確認が行われていれば、ほとんどの調理員は手間を惜しまず、給食時間に調理を間に合わしてくる。

民間委託であると、こうはいかないのである。

民間委託によって懸念されることを幾つか明らかにしてきた。

ここで、すでに民間委託をしてしまっている地域や現在計画中の自治体も多いと思われる。

やむを得ぬ理由が背景にあり、市民の納得のいく正当な手順を踏んでの結論であれば、その方向の中でより良い方策として何ができるかを常に追求していけばよいと思われる。

学校給食の理想の運営方法を与えられても、やる気と工夫が伴わず、前進のない最小限の作業を繰り返す事例は多いのである。

本書は、限られた条件の中で「いかに改善していけるか」を求める時の参考になることも目標としている。先に記したように、調理作業の民間委託に限っていえば、すでに35.8％にもなっているのであるから、もはや民間委託の完全否定はできないのである。

Ⅶ 民間委託ではない こんな学校給食運営方法もある

～東京都武蔵野市の「給食・食育振興財団」～

1 「給食・食育振興財団」の誕生

(1) 財団によって何を目指すのか？

民間委託の方途を選ばず、「給食・食育振興財団」を設立して「より良い給食と食育」を目指す自治体が現れた。

それは東京都武蔵野市であり、2010（平成22）年３月10日に新たなスタートを切っている。

「給食・食育振興財団」の目指す方向をまとめると次のようになる。

①文部科学省の「合理化」ではなく「給食と食育の充実」を優先する。

②「民間委託」でなくて「市民と距離のない給食運営」を目指す。

③給食と同じように「食育の充実化」を目標に掲げる。

④役員は食の専門家、調理員は有資格者の給食専門グループとして組織化をする。

⑤農家と共に歩む地場産利用の給食と農業と協力した食育を推進する。

なぜこのような財団を設立することになったのか、その経緯は後に説明することにして、まず「一般財団法人武蔵野市給食・食育振興財団」の定款から「目的」と「事業」を紹介しておこう。

〔「給食・食育振興財団」の定款より〕
(目的)
第３条　この法人は、学校給食の適正円滑な供給により、その充実振興を図り、児童・生徒及び市民の食育の推進に寄与することを目的とする。
(事業)
第４条　この法人は、前条の目的を達成するため、次の事業を行う。
(1) 学校給食に関する事業
(2) 食育の推進に関する事業
(3) 給食用食材等の調査研究に関する事業
(4) その他この法人の目的を達成するために必要な事業

(2) 財団の内部組織はこのようになっている

財団の組織は次のようになっている。

東京都武蔵野市「給食・食育振興財団」の組織図

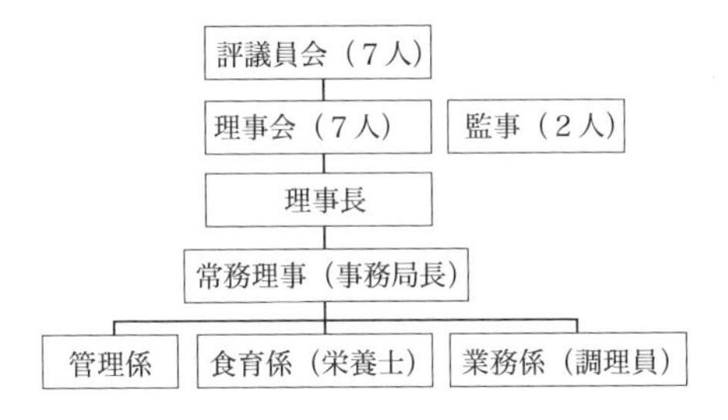

財団の位置づけを端的に言うと、全国の役所に置かれている「学校給食課」の独立化である。

独立化ではあるが、財団は一般財団法人であり営利団体ではないので、保護者からの給食費以外の給食関連予算は役所から受けていく。

保護者からの給食費は給食の食材に全額充当することになっている。その他の必要経費、例えば職員の人件費、給食施設関連費、給食器具、食器等、光熱費などは、役所からの委託費として資金供給を受ける。

したがって予算関係の職員数名は（前出の組織図の管理係）は役所からの派遣になる。

栄養士は法律上、市の教育委員会に籍を置き、財団においては「食育係」に所属し、勤務配置は財団の辞令に従う。

調理員は財団においては「業務係」に所属する。財団設立以前からの調理員は役所からの派遣という身分で財団の業務係に所属し、勤務配置は同様に財団の辞令による。

調理員のうち、財団が設立されてからの採用者は財団の正職員になる。毎年、役所からの調理員の派遣が減少していくが、それを順次公募で補い、財団の職員に代えていく。

財団で採用する職員の給与体系は役所とは異なり、民間企業の給与水準を踏まえたものとなっている。都市部の地方公務員の給与は総じて民間企業を上回る水準であったため、財団設立後の調理員採用の増加は、同時に人件費の面から予算額を減少させていくことになる。

2014（平成26）年４月現在、職員総数と内訳は次のようになっている。

		事務	栄養士	調理員	運転手	配置員	その他	（ヨコの計）
正職員	市派遣	4	8	9	0	0	0	21
	財団	0	0	30	0	0	0	30（51）
嘱託員	再雇用	0	0	3	2	0	1	6
	財団	3	3	22	6	33	0	67（73）
アルバイト		0	0	1	2	6	0	9
（タテの計）		7	11	65	10	39	1	133

この表で「財団」とあるのは財団で採用した職員である。大人数が必要な調理員の中で、財団設立以前の市役所側の調理員は退職や異動で９名にまで減っている。逆に財団雇用の調理員の正職員が30人になっている。

栄養士もアレルギー対応等で嘱託ではあるが、財団採用が３名になった。

配置員は全員が財団の嘱託員とアルバイトである。

このように財団を設立して３年を過ぎたところで、職員総数133名のうち財団専属の職員数が108名にまでなっている。

次に役員についてであるが、財団であるから評議員、理事の役員も必要になる。

「給食・食育振興財団」には評議員７名、理事７名、監事２名がおかれている。役員の多くは学校給食や食の分野からの代表者や専門家で構成されている。

2 東京都武蔵野市の学校数、児童・生徒数

武蔵野市の小中学校数と児童・生徒数は、2013（平成25）年度において次のようになっている。

調理施設		学校名	児童・生徒数	計
共同調理場	北町調理場	第一小学校	388 人	
		第二小学校	417 人	
		第三小学校	478 人	
		第四小学校	339 人	
		大野田小学校	663 人	
		千川小学校	299 人	
		井之頭小学校	341 人	
		関前南小学校	263 人	3,188 人
	桜堤調理場	第一中学校	312 人	
		第二中学校	299 人	
		第三中学校	343 人	
		第四中学校	436 人	
		第五中学校	207 人	
		第六中学校	244 人	1,841 人
単独調理校		第五小学校	363 人	
		境南小学校	504 人	
		本宿小学校	267 人	
		桜野小学校	754 人	1,888 人
総計				6,917 人

小学校は12校で児童総数は5,076人、中学校は６校で生徒総数は1,841人である。

調理場数は６施設で、共同調理場が２つ、単独調理場が４つである。

２つの共同調理場のうち１つ（桜堤調理場）では、中学校６校分の全てを調理している。

栄養士は全ての調理場に配属してあり、共同調理場には２～３人にしてある。

各調理場における調理員の人数は、文部科学省からの「配置基準」に従っている。

財団になってから採用した若い職員と、それまでのベテラン職員との組み合わせは色々配慮して決定している。それは年配者の体力を補うことだけではなく、経験者からの若手職員への教育効果を勘案してのことである。

3「給食・食育振興財団」の設立までの経緯はこうである

東京都武蔵野市が、学校給食を「財団」運営にすることになるには前史と理由と根拠があった。

前史とは、武蔵野市の市長選において立候補者の選挙公約に中学校給食の開始があり、それを掲げた候補者が当選を果たしたことである。

理由とは、後に説明する中学校給食検討委員会にて中学校給食の開始が決定し、小学校給食と合わせてどのように運営するか、その後、３つの委員会を経て「財団」になるのであるが、市民の望みを優先する熱心な教育長が存在したことである。

根拠とは、それまでの小学校給食の運営において「文部科学大臣賞」を受けるほどしっかりした管理が行われており、給食の充実化が図られていたことである。同時に優秀な人材と研修システムによって優れた側面が維持されていたということに尽きよう。

しかしそれなら、学校給食課による運営が継続されてもよいはずとも言えよう。

財団への切り替えには、それなりの契機があったはずである。それを次に説明しておこう。

武蔵野市が「財団」設立に至るまでに、４つの委員会を経てきている。

費やした期間は足かけ５年、2006（平成18）年７月から2010（平成22）年の３月までに、次のような４つの委員会を経由してきている。

(1) 中学校給食を実施すべきかどうか
～長い激論の末に中学校給食の開始を答申する～

【中学校給食検討委員会】

〔2006（平成18）年７月～2007（平成19）年３月〕

まずスタートを切ったのは「中学校給食検討委員会」である。

この委員会は15名から構成されるという大人数であり、PTA代表、教員代表、食の専門家、社会問題の専門家、公募の委員が、９か月にわたり８回の委員会を重ねた。

委員会のテーマは「武蔵野市は中学校給食を実施すべきかどうか」であるが、予想を超えた激論が続けられることになる。

賛成派は「給食の必要性」「望ましい給食のあり方とは」「学校給食の理想的な将来像とは」などを論じ、反対派は「手作り弁当の大切さ」を主張して譲らない。

このように、この時点で武蔵野市は中学校給食をまだ実施していなかったのである。

もちろんこれまでにも検討委員会は開催されてきている。

1992（平成４）年に、同じような検討委員会が開催され、一連の会議からの報告書が提出されている。学校給食を実施することにならなかった理由は幾つか考えられる。

なかでも、①生徒数の多さと施設による制約もあったであろうし、②将来に向けての財政事情やVIの❷の（6）先に紹介した文部科学省からの「合理化通知」に象徴される国の行財政改革の影響もあったのかもしれない。それとは別に、③「家庭で弁当をつくることの意義」を説く委員も多かったと聞く。

今回の検討委員会においても、給食派と弁当派に分かれた論議が活発に交わされた。

しかし、前回とは社会背景や住民の意識において変化が起きていたように思う。

給食実現に向けての保護者が多く、子どもの成長と健康を願う声が強かった。とはいっても、弁当派の意見を軽視するわけにはいかない。毎回、表現を変えて食い下がる弁当派委員が保護者にも教員の中にもおり、その主張に明らかな矛盾はないのである。「昼食は弁当で。子どもの健康は母親の愛情で」という主張には、家庭での大切なものを護ろう、維持しようという気持ちが込められている。

この委員会のスタートに先立ち、委員長の互選が行われている。

食の専門家として委員の依頼を受けていた筆者が委員長に推薦された。

その時に、委員長として審議を進めていくための条件として、最初に次のようにお願いした。

「意見の違いがあっても当たり前のこと。大いに論議を交わしてほしい。最終結果がどのようなことになろうとも、子どもの将来に係わる重要テーマであるから、多数決によって審議を終えることはしません。委員の全員が一致できるまで審議を続けます。それでよければ委員長を受けましょう」と。

このように挨拶をする直前に、この委員会の様子をNHKが取材し、翌日の早朝TVニュースで放映している。学校給食とその在り方について、社会は強い関心を寄せていることを再認識させられつつこの委員会は船出したのである。

さて委員会の方であるが、論議を重ねても、最初にほぼ半々に分かれた給食派と弁当派の対立は続き、収束しそうもない状態が続いた。

そこで、仕切り直しのねらいも込めて、全委員が実際に学校へ出かけて給食を試食するという日程も組んだ。給食内容に対する評価は高く、武蔵野市の給食への信頼は確認されたが、これで給食反対者がいなくなったわけではなかった。

ではどうして全会一致に辿り着くことができたのか。

その理由は、共稼ぎ所帯の増加で弁当づくりが難しくなりつつあるという社会変化である。

武蔵野市では、この中学校給食検討委員会を開始する前の2006（平成18）年３月に、全中学生の保護者に「中学校給食の検討に関する予備調査」としてアンケート調査を行っていた。

その結果は次のものであり、当委員会ではこの結果報告書が配布されていたことも保護者の立場を理解する一助になった。アンケートの中から関連する箇所を紹介しよう。

【中学校給食を望むか否か】
（有効回答率：中学生86.7％、中学生の保護者59.1％、教職員76.3％）
「完全給食の実施を望む」→生徒41.3％、保護者63.2％、教職員35.0％
「弁当と完全給食の選択制を望む」→生徒49.0％、保護者80.2％、教職員43.0％

このように、過半の保護者が学校給食を希望しているという実態を知ってからの委員会であったことを強調しておかなければならない。

もう一つの理由は、双方共に食育の重要性を理解し、それによって子どもたちの将来を見据える姿勢では一致しつつあった。弁当派の委員も含めて、全ての子どもたちの将来を暖かく見守るという立場では、当初から同じのはずである。

こうして、ほぼ９か月を要した「中学校検討委員会」であったが、「全会一致」で次のような結論に至るのである。

①武蔵野市の小学校給食の実績を評価し、同じレベル以上の給食を期待する。

②理想的な学校給食のあり方はこれからも追求していく。

かくして、2007（平成19）年３月、「中学校給食検討員会」の「報告書」が市長に答申され、教育委員会に報告された。

因みに現在、全中学校の完全給食が実現しているが、「弁当との選択制」でスタートを切っているのにもかかわらず、学校給食を選択する生徒が93％前後という高い率を維持している。

(2) 中学校の給食実施スケジュールが決まる

【中学校給食実施計画委員会】

〔2007（平成19）年７月～2008（平成20）年６月〕

「中学校給食検討委員会」の「報告書」が提出された４か月後、すなわち2007（平成19）年７月に次の委員会である「中学校給食実施計画委員会」が設置された。

この委員会の目的は、中学校６校の学校給食実施のスケジュールを決定することである。

給食実施スケジュールを決定することは、中学校での給食現場を想定した「給食の運営方法」と「学校の時程と生徒指導方法」および「食育のあり方」等の具体的な計画案も作らなければならない。

学校給食の実現に向けた方向は決まっているが、給食実施のための環境整備の幅は広く、具体的な構想を練るとなれば実務に長けたメンバーが必要とされる。

そのメンバーは次の通りであった。教育長、学識経験者２名、校長会から２名、副校長会から２名、PTA代表２名、企画政策室長、財務部長、教育部長という12名の布陣である。

この委員会を進行させていくためには、これまでの記録や専門部署の見積もりが必要になる。
そこで、委員全員は３つの作業部会すなわち「施設部会」、「運営部会」、「学校部会」のいずれかに所属して本委員会開催に向けた案作りを先行させた。各部会からあがってきた現実的な問題点を、本委員会で再検討しながら進めるという慎重かつ効率的な運営方法を採用したのである。
各部会での主な論点は次の通りである。
「施設部会」では、調理場の「耐震補強工事スケジュール」や中学校給食を実施するに当たっての施設改修スケジュール作りに関して話し合う。
「運営部会」では、給食と家庭からの弁当の「選択制」に係わる給食費の徴収方法、栄養所要量からの献立内容の確認、小中の調理場の選定などがテーマである。
「学校部会」からは、実際の給食実施を想定した「時程」の調整、配膳確認、「選択制」導入による混乱防止方法、地域や保護者との連携を取り入れた食育方法などが検討された。
なおこの間、11月～12月にかけて、全中学校６校の生徒に対し「給食実施に向けた試行」を実施している。実際に給食の提供（250円）を行なってみたのである。ほぼ90％の生徒が試食し、その内８割の生徒が高い評価を出してくれている。
こうしてほぼ１年がかりの話し合いが続けられ、2008（平成20）年７月、「中学校給食実施計画委員会」の「計画案」が策定されたのである。

(3) ついに「財団設立」に辿り着く

【学校給食運営検討委員会】

〔2008（平成20）年７月～同11月〕

「中学校給食実施計画委員会」の「計画案」が策定された翌月に、３つ目の委員会である「学校給食運営検討委員会」が設置された。
これは、それまでの２つの委員会の成果を踏まえて、望ましい「学校給食の運営形態」を探るという、多くの市民が関心を寄せるテーマがメインになる。

この委員会では、これまでの全ての提案を考慮に入れて、「武蔵野市の総合力」でどのような運営形態を実現するのが最良であるかという最終判定を下さなければならない。したがってこの委員会においては、市役所の関連部署の責任者（部長）でなければ決定が下せない。

ここで委員会メンバーの公表は控えるが、教育長と食の専門家２名を加えて総勢10名の委員会であったことは記しておこう。

学校給食の運営には様々な形態がある。

例を挙げると、武蔵野市のこれまでのような「市の直営方式」をはじめ、「民間委託方式」、「公益法人方式」、「第三セクター方式」、「NPO法人方式」等がある。

武蔵野市はどの運営形態を選択すべきであるのか。これを判断するには、運営形態の事例分析や判断基準を設定しなくてはならない。そこで、20数項目からなる基準を設定して、それに照らし合わせながら各々の運営方式のメリット・デメリットを明らかにする作業に取り組んだ。それでも「良い給食」、「良い食育」を追求すれば、簡単には総合評価にまで辿り着けない。

ようやく決定に至ったのが同年11月であり、それまで８回の委員会開催を要した。

「財団設立」の結論に至った決め手は、次の６つのポイントである。

第一は、「学校給食は教育の一環である」という認識を共有できていたからである。

第二は、学校給食におけるメニューづくりと調理と安全性確保には、学校給食ならではの高い専門性があり、そのための体制をしっかり整えなければならないという認識があったからである。

第三は、教育委員会における「学校給食課」と「給食の調理現場」との連携関係をもっと緊密にし、前者から後者への支援をさらに強化したいという問題意識があったことである。

第四は、給食と食育のレベルを落とさず、しかも予算規模の縮小化の可能性を有することが明らかになったことである。

第五は、これまでの学校給食に対して、市民や関係者からの評価が高かったということである。

第六は、給食をつくる側にも武蔵野市独自の工夫の積み重ねがあり、関係者からの信頼が厚かったということである。

最後に、最初の委員会である「中学校給食検討委員会」において保護者から出された諸要望が、どの委員会でも共有の認識になり、重要な判断基準になったということは強調しなければならない。

このようにして、武蔵野市は「財団」による学校給食の運営を決定した。

(4)「給食・食育振興財団」の全貌ができ上がる

【一般財団法人武蔵野給食事業団（仮称）設立準備委員会】

〔2010（平成22）年1月〜同3月〕

2010（平成22）年1月、いよいよ「財団法人」設立準備委員会の設置という最終段階を迎える。

三番目の「学校給食運営検討委員会」を終えたのが2008（平成20）年11月である。この委員会を迎えるまで1年超が経過している。

この間の経緯を、役所の外側にいる筆者では説明できない。あくまで推測の域であるが、一連の委員会の決定を受けて、武蔵野市における文教委員会等の審議や議会の決定に至るまでの調整に要した時間であると思われる。

文教委員会行政報告資料から、「学校給食業務を担う財団設立について」の資料の一部を掲げておこう。

(1) 財団設立の目的

①学校給食の適正円滑な供給により、充実振興を図る。

②児童・生徒及び市民の食育を推進する。

③給食用物資の調達及び安全で良質な食材を確保する。

(2) 財団の事業

①学校給食業務に関する事業

②食育の普及促進に関する事業

③その他この法人の目的を達成するために必要な事業

(3) 財団法人の組織等について

①財団の組織編成については、武蔵野市の給食の特色を継続・発展させるための組織づくりを旨とし、調理業務、配送業務、配膳業務を一体的に運営する業務部門として位置づけ、体制を強化していきたい。また、食育担当部門を設け、市民協働、地産地消などを推進していきたい。

②執行体制

公益法人改革により、財団法人の評議員、理事等の職務が大きく変わったことに対応した執行体制作りを考えたい。そこで、法人の最高意志決定機関である評議員には、食の専門家をはじめとし、給食に関わる方を人選していきたいと考えている。また、業務執行に関する決定をする理事については、食や公共経営などの専門家を中心とした人選をし、理事の中に食育担当理事を置き食育を推進していきたいと考えている。

「財団法人」設立に向けたこの「一般財団法人武蔵野給食事業団（仮称）設立準備委員会」では、上記の「財団設立の目的」、「財団の事業」、「財団法人の組織等」の細目を決定していかなければならない。決定事項は全て「定款」の中に反映される。評議員や理事も「学校給食に係わる各分野の専門家」で構成していかなければならない。

この準備委員会の委員は、こうした方向を踏まえた人選となった。

次に構成メンバーを記しておこう。武蔵野市の行政者、教育長、食の専門家、公共経営の専門家、学校給食に係わる各団体の代表など計10名による委員会である。

準備委員会がスタートして最初に確認されたのは、財団の名称であった。先の「一般財団法人武蔵野給食事業団」は即刻、「一般財団法人　武蔵野市給食・食育振興財団」に変更された。

次に、財団の設立理事会であるが、2010（平成22）年３月５日と決定した。

これは年度替わりの４月以降の「一般財団法人武蔵野市給食・食育振興財団」の船出のための準備期間を考慮してのことである。

そして、その日を迎える。３月５日の財団設立理事会の開催である。

まず、理事長を選任しなければならない。代行議長が、次のように理事の方々に問いかけをしなければならない時が来た。

「理事長の選定については定款の第33条で理事会が行うことになっております。

理事長について、どなたか立候補または推薦はありませんか？」

ここで、筆者が理事長への推薦を受けることになり、「武蔵野市給食・食育振興財団」の初代理事長としてスタートを切らなければならなくなったのである。

（コラム）　教育長としてこのように考える

財団設立時の武蔵野市教育委員会教育長（現在　武蔵野大学客員教授）

山上美弘氏（談）

中学校給食検討委員会では弁当か給食か議論が重ねられましたが、私も教育者として勉強になりましたし、教育のあり方を再確認する良い機会になりました。

議論の中で、人は自分の子どもや孫を念頭に置いて考えてしまいがちですから、様々な表現が出てきます。

しかし、歴史的視点を入れて考えてみると、国家やすべての国民の問題になりますから、いま行うべき教育行政の答えは出しやすくなるわけです。

先の検討委員会の中では、そのような視点を踏まえて発言してくれた委員も何人かいました。

教育長の立場はそれが例え少人数でも、できるかぎり情報を提供しながら市民全体の将来を良くするための手伝いをしなければなりません。

弁当はひとつの食育手段ですが、学級において子どもたちの昼食に違いが出過ぎる予測ができますから、給食と弁当の選択でよかったと思っております。

給食・食育財団設立の意見が出てきたのは後の委員会ですが、この時も教育長として戸惑ったという想いはありません。すでに市民の希望が分かっておりますし、いかにして実現していくか、これを念頭に置けばいいわけですから、将来をにらめば民間委託ではなく財団設立だろうと判断したわけです。

多くの市民の願いは全校に調理場を設ける（自校調理）ということですから、現時点での制約条件を考えれば、予算を抑えて食育の充実に有利な財団設立は悪くない選択であったと考えております。

心配なことは、スタート時点の志（こころざし）が良くても、われわれ携わった者が退いた後、どれほど目的に向かう志を維持できるかということになります。目先のことに囚（とら）われず、しっかりやっていってくれることを願うばかりです。

4 若い調理員の採用で活気づく

(1)「給食・食育振興財団」に対する応募者は多かった

中学校給食のスタートに合わせて、調理員の公募をせねばならない。

「武蔵野市給食・食育振興財団」に所属する正職員の募集である。

最初の募集人数は11人、応募条件は調理師免許あるいは栄養士免許を持っていることである。

果たして応募してくれる人がいるかどうか。募集期間もそれほど長くない。

資格の面では心配していなかったが、学校給食の調理業務にどれほどの関心を示してくれるものであるのか、そこが懸念されるところであった。子どもたちへの食育担当も兼ねることを、最初は敢えてアピールしていない。

ところが、応募者数は予想に反して多く、採用予定数の数倍になった。

応募者のほとんどは食に関わる様々なキャリアを経ていた。

審査の結果、採用となった人々の前歴は給食委託会社勤務者、レストラン勤務者、ホテル調理部門勤務者、外食企業調理担当者、給食調理場パート職員、調理専門学校の新卒者などである。

新入職員になれるまでには３つの関門を突破しなければならない。まず一般教養試験があり、次に調理実技試験そして面接試験を通過しなければならない。

こうして11名の採用者が決定し、その平均年齢は37歳、男性５名、女性６名ということになった。

(2) 学校給食に必要な「専門性」

一般的に、学校給食の調理員は全て調理師免許を有しているわけではない。

技能職として採用された自治体職員が学校給食の調理に配属されて驚くという事例は多く、着任を拒否して休職中という例さえある。

「武蔵野市給食・食育振興財団」は食の専門家集団を目指す。

当然、調理員の応募資格は調理師あるいは栄養士（管理栄養士も含む）ということになる。したがって、全ての受験者は調理の知識や実務経験をもっている。このような人々を、どのように選考していくかについては興味があろうかと思う。

結論からいうと、応募者の中に優劣付けがたいグループが出てくる。学校給食の調理場でなければ、別の人が合格しているだろうという優秀グループである。

換言するなら、学校給食には特有の専門性が要求される。すなわち学校給食の調理職は、他分野の調理職とは「区別される専門性」が要求されるということである。「調理の得意な人なら誰でもよい」というわけにはいかないのである。一般的には、ここもあまり知られていない点である。

他と「区別される専門性」、これは長年経験を積んでいる学校の調理員なら誰でも知っていることである。

安全性第一、栄養バランス重視、美味しさ実現、素材優先、色どり大切、地場産もの把握、児童・生徒への食育、保護者との交流、農家との付き合いそして健康と体力、どれもがバランスよく求められる人材が学校給食向きであり、「教育」という前提のつく食づくり向きなのである。

数時間に数百、数千人分の調理、早朝から暑さ寒さに耐えられる責任感、自主と協力の精神……これらも学校給食に求められる「専門性」なのである。

財団のスタート直前の調理員公募では、こうした専門性に充分に応えられる人材を確保することができた。

(3) 調理員の採用試験の現場では

調理員に合格するには３つのハードルをクリアしなければならない。

第一回目の試験は一般教養試験である。この結果が最後の判定までついて回る。

第二回目は「調理実技試験」である。

試験会場となる調理場の一角での光景は次のとおりである。

審査員には調理のベテラン（技能長あるいは経験者）３名が当たる。10分で処理可能な数種類の食品素材が渡される。その時、その場で初めて処理法の説明書が渡される。応募者５人ずつの実技審査が開始される。こう記せば、おおよそ審査風景が予想できよう。

この時、経験のある応募者でもケガすることは珍しくない。あまりの緊迫感や、よく手入れされた調理道具に不慣れなどの理由で、包丁の刃が手を傷める例は珍しくないのである。

第三回目の面接試験はほぼ１か月後に行われる。

今回は９名採用予定のところ、19名に受験機会を与えた。この19名は調理実技試験の後に、立ち会いの３名の審査員に加えて、別の角度から審査をしていた３名が加わり計６名によって選ばれた人々である。

今回の面接試験では面接官は３名で、それぞれ異なった立場の専門家で構成された。

口頭試問の内容は多岐にわたる。提出書類の文面をもとにしながら、経歴から、考え方から、新たな職場の認識度などから等の質問に、１人当たり15分間を割り当てる。

応募者は緊張の連続だが、大変なのは審査員の方も同じである。

理由の一端を明かせば次のようになる。今回のように９名の採用予定として、５名前後は明らかに秀でている。ところが、その次の４名前後に「絶対的な差」がつかないのである。学校給食の調理員として、少し異なった角度から見れば優劣が入れ替わってしまうのである。

こうして財団は、多くの応募者にまず喜び、その後の審査で四苦八苦という経験をした。

一方、晴れて正職員になれた者にとっても修行のハードルは高い。後に明らかにする研修や調理現場での様々な役割の習得、衛生基準に従った清掃作業など、沢山の役割を次々と覚えていかなければならない。この過程でチームワークと協力の仕方を教えられ、しばらくは忍耐を強いられることは言うまでもない。

調理員の公募は同じ年にもう一度、そして役所からの派遣職員の停年や異動を補うために続いていく。

(4) そして2010年４月１日の「辞令交付式」～理事長としての挨拶～

2010（平成22）年４月１日、理事長として初の「辞令交付式」を行った。

辞令会場には新入職員の緊張感がひしひしと伝わってくる。

「給食・食育振興財団とはどのような職場だろうか」

「新たな職場でしっかりやれるだろうか」……と、期待や不安も漂う辞令式の会場である。

理事長としての筆者は、次のような言葉を贈ったと記憶している。

「本日は、武蔵野市給食・食育振興財団の職員となって最初の日を迎え、心よりお祝いを申し上げます。皆さんは、本財団の将来を背負う職員として選り抜かれた精鋭であります。

この財団はスタートしたばかりですが、その基盤には『武蔵野市教育委員会教育部給食課』の輝かしい歴史があります。その一端を紹介しておきましょう。

第一に、子どもたちの健康を優先した安全体制を確立していることであります。

食材の産地を確認し品質を厳しくチェックしたものを用いることに専心しております。

調理場では、衛生の確保と手際よい調理分担システムを確立しております。

そして、できるだけ市販の調味料を使用せず、素材の一次加工から完成まで調理員の手で作り上げております。

第二に、地域の農家との交流を大切にしております。

コメは農家との契約で有機栽培あるいは減農薬栽培ものを使用しておりますし、野菜もできるだけ顔の見える市内の農家から供給してもらっております。

近年、地産地消の推奨が盛んですが、武蔵野市ではかねてからこれを優先してきております。

第三に、食育の積極的な展開をやってきております。

栄養士や調理員は学校の学級を回って、子どもたちに食材と栄養と調理法等のお話をしております。

食育は近年における国家の奨励テーマですが、武蔵野市にとっては別に新しいことではないのであります。

当財団は、これに満足することなく、限りなく理想の食育を追求していくつもりであります。

表彰状

武蔵野市立学校給食北町調理場殿

貴共同調理場は学校給食の向上に
努め優秀な成果をあげられました
ここに東京都健康づくり優秀
共同調理場として表彰します

平成十八年十二月十二日

東京都教育委員会

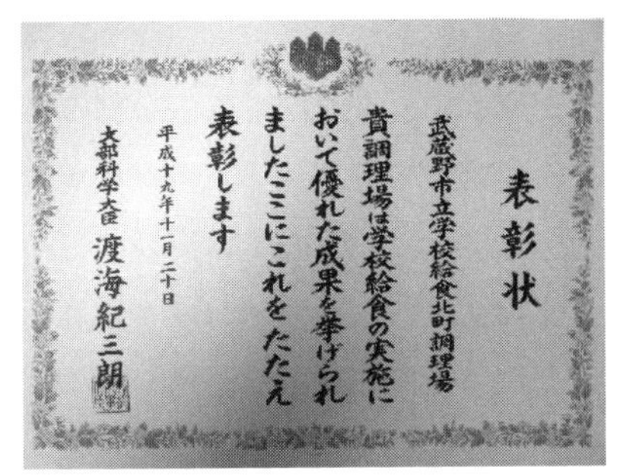
表彰状

武蔵野市立学校給食北町調理場

貴調理場は学校給食の実施に
おいて優れた成果を挙げられ
ましたここにこれをたたえ
表彰します

平成十九年十一月二十日

文部科学大臣 渡海紀三朗

第四に、武蔵野市の学校給食は東京都や国からお褒めの賞を頂くほど整備と研修を重視しております。

衛生管理や食中毒対策と今申しました諸点等が審査にパスして、2006（平成18）年度に東京都教育委員会から「健康づくり優秀共同調理場」として北町調理場が表彰された。続いて2007（平成19）年度に文部科学大臣から「学校給食文部科学大臣賞」を受賞しております。

こうしたこれまでの先輩諸兄の努力に敬意を表するとともに、さらにこれから皆さんがどのように発展させていけるか、これを本財団は期待されているのです。

財団とは言っても、その運営資金は全て武蔵野市からの予算で賄われます。だから、皆さんは武蔵野市の13万人の市民のことを一時も忘れることなく、誇りを持って市民貢献の道を追求していって頂きたい。

食の分野では、失敗は許されません。

失敗とは何か？　それはいい加減な心のあり方です。学んだことと、先輩に認められた自分の工夫をいつも誠心誠意発揮していってもらいたい。

このような心構えがあれば、遅刻をしたり、挨拶を忘れたり、注意されて腹を立てたりというようなこともあり得ないのであります。

辛くても明日にかけなさい。そして１か月続けなさい。３か月経ったら要領が分かってくるでしょう。３年続いたらプロへのコースに入ります。

学校給食と食育には、新しい専門性が求められます。そのプロフェッショナルを目指して下さい。

こうして、本財団で人生を創ってください。

事務局長や業務統括、技能長から、皆さんが「よくやっていますよ」と報告を受けたら、改めてお祝いの乾杯を致しましょう。……」

このような話をしたはずである。そして、早くも20日ほど経たある日に、新入職員全員の見事な奮闘ぶりの報告を聞くことになる。

(5) 採用されてからの３日間の研修日程

新規採用職員の「辞令交付式」の日から３日間の研修スケジュールを掲げておこう。

辞令後の短期研修内容

4月1日（木）	8：00～11：00	オリエンテーション（業務統括・研修担当）
	11：00～12：00	辞令交付式
	12：00～13：00	昼休み
	13：00～14：00	共同調理場の映像による紹介（業務統括・研修担当）
	14：00～15：10	就業規則及び勤務内容について（事務局長）
	15：10～15：40	給与・厚生関係の制度と手続きについて（管理係長）
	15：50～16：30	職場の安全衛生について（技能長）
4月2日（金）	8：00～9：00	学校給食に求められることと職員の意識革命（事務局長）
	9：00～10：00	財団の諸規定と服務について（事務局長）
	10：10～12：00	武蔵野市の給食の特色と食育（事務局長、栄養士）
	12：00～13：00	昼休み
	13：00～14：50	調理過程と調理業務フロー（２名の技能長）
	14：50～16：45	配属場所でのオリエンテーション及び業務説明（２名の技能長）
4月5日（月）	8：00～9：50	学校給食衛生管理基準について～その歴史と意義～（業務統括・研修担当）
	10：00～11：50	学校給食施設における衛生管理体制整備と運用（同上）
	12：00～13：00	昼休み
	13：00～	配属場所に正式配属。技能長のもとで業務指導

辞令交付は午前11時からであるが、この日からの出勤は午前８時、すでにこの時間から新入職員向けのオリエンテーションと研修は開始されている。

朝の時間は厳守である。数日後からの小中学校の始業になれば、給食調理場での作業開始は早い。それも考慮に入れて、午前８時から11時まではすでに「業務統括・研修担当」というベテラン職員によるオリエンテーションが行われている。

午前11時からの「辞令交付式」における新入職員には、緊張感が漂っていたが表情は明るかった。

２時間にわたるオリエンテーションの進行と内容がよかったことを物語っている。この日から３日間の短期研修の後に長い修行生活に入るのであるが、まずは３日目の午後において新入職員をどんな想いで配属先に送り出すことになるかが重要である。

武蔵野市の研修内容とその指導方法については長きにわたり研鑽されてきた蓄積がある。新入職員の表情や雰囲気によって指導ペースやアプローチの仕方を柔軟に変えられるレベルに達している。

研修３日目の午後には、新入職員はこの職場がどのようなものか、上司や先輩の力量の高さと親身さに気が付くはずである。

そしてその時、皆、明るく嬉しそうに各々の調理場に向かったのである。

(6) 若い調理員によって職場に活気が戻る

若者の正職員への採用を控えるようになって長い。

財団を設立に向けて11人の採用、同年秋に４人追加して15人もの若手調理員を採用しているが、このことは学校給食に携わる多くの人にとっては「驚きのこと」となろう。

中学校給食の開始に向けた調理員採用と定年退職、市役所での他部署への異動、嘱託やパートの補強などの事情が重なって若手調理員の多数採用となったのである。

全国の学校給食においては、正職員の採用を控えるようになって長い。

「正職員を採用しない」、「定年退職者の補充は臨時職員や嘱託職員で補おう」となって20年ほどが経過している。

一体これは、どういうことなのか？　その理由が広く国民に伝えられる機会はほとんどなかった。結論を記すと、行財政改革を旗印に、役所業務の見直しや民間委託等によって財政の健全化を図ろうという考え方が学校給食にまで及んだということである。

正職員の採用が止まれば、給食の調理場は経験の積んだ嘱託職員かパートに頼らざるを得ない。そうなると、調理職員の高齢化が進み、給食調理の重労働部分がお年寄り層にとって過酷なものとなっていく。実際、多くの自治体では正職員数と臨時職員数が逆転している。

こうした状況が、学校給食の「民間委託」の根拠として正当化している。

議会では民間委託が俎上に載せられ、職場には正職員としての後輩が入ってこない。定年退職者を送るだけで、若者を迎えられない職場に活性化を求めても無理がある。

さて、武蔵野市の財団では久々に若い正職員が入って、その後の評価はどうであったか？

ほぼ５か月が過ぎた頃、職員全体での懇親会で11名と話す機会があった。同時に彼らの評価を時々上司に訊ねていた。

結論を記そう。新入職員の全員が仕事に意欲的であると判定できた。

民間の調理業務を行ってきた人からも「ここは勉強になります」と言ってくれる。

それでは上司の評価はどうであろうか。その声をここに再現してみよう。

「調理場の雰囲気が一変しました」

「やっぱり若い人がいる職場は違いますね」

「財団になってよかったです」

職場の年齢構成が正常化し始めた途端に、皆が忘れていた活気が蘇ってきたのである。

(7) 新人調理員は自主勉強会を始めた

栄養士と調理員の研修会は定期的に開催している。

３月後半の春期研修会と７月末の夏期研修会は定例である。研修には次の方法がある。

①専門家を招いて学ぶ。

②各職員がテーマを設定して報告会を開催。

③グループ別に討論し経過と結論を報告する（チュートリアル）。

これらの方法を組み合わせて研修会を構成している。

また研修に参加するものは財団職員全員という場合と、栄養士あるいは調理員に分かれて行う場合もある。全員というときには嘱託職員、再任雇用職員、運転手、配置員も加わり受講する。

さて財団の正職員たちは全員で「自主勉強会」を開始した。

１日の仕事が終わり午後５時半から８時頃まで、全員が会議室に集まり勉強するのである。

開催ペースは月２回ほどであるが、半年間単位で続けるのである。

その目的を次のように掲げている。

「財団職員として、必要な知識等の習得と調理技法の向上を図るとともに、一人ひとりの意識を高めるために」

自主勉強の内容を、平成24年前期の計画書から紹介しておこう。

①調理技術の基本的な部分を向上させる（切り方、作り方等）。
②職員としての一般的な知識を高める（事務処理、パソコン操作など）。
③「学校給食衛生管理基準」を把握する。
④人前で講話（衛生管理・調理指導等）ができるように、個々の知識を高める。
⑤学校給食の歩み（歴史）、特に武蔵野市の学校給食についての理解。
⑥OJTグループ研修。

⑦その他

仕事の後の疲れと空腹を我慢して、こうしたスケジュールを自主的に行うと聞いて感動を受けた。義務的研修とは別に、さらに全員で勉強をするという姿勢を確認して喜べない管理者はいない。本書の執筆のスタートも、これに大きく触発を受けている。

自主勉強時の雰囲気を伝える写真を次に掲げておこう。

これらの写真から職員の志が読み取れよう。

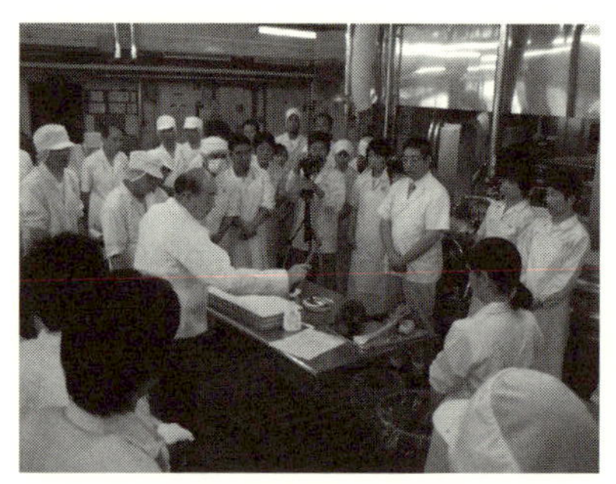

自主勉強会（1）財団の評議員鈴木洋成氏（和食料理家）による調理実技研修

自主勉強会（2）グループ討議の後の発表

自主勉強会（3）社会人のためのパソコン講習会も行う

自主勉強会（4）全日程を終えて理事長より修了証が授与される

（コラム）調理員を指導してみて　業務統括・研修担当　伊藤栄治氏（談）

給食調理員の高齢化が進行しているときに財団が設立されました。

団塊世代の大量退職というときに若者を多数採用することが可能になったわけです。

若者の採用は組織に活性化をもたらし歓迎できるのですが、指導を誤ると学校給食独自の技の熟練と知識が途切れたり失われたりする懸念が生じるわけです。

特に衛生管理や武蔵野市の特色である「半調理品を使わない」「素材からの手づくり」「工夫を凝らした食育の継承と発展」などはしっかり覚えさせなければなりません。

若手職員の育成に際してまずこうしたことが念頭にありましたね。

それだけでも足りません。社会人としてのマナーや教育に携わる者としての基本姿勢を教えなければなりません。さらにどこにおいても通用する情報処理能力なども高めてやらなければなりません。

定期研修や自主勉強会はこうしたことを踏まえてプログラムを組んできましたが、今では職員自身が話し合って、希望を出してくるところまで到達しつつあります。（談）

前進意欲が強いから、仲間内の勉強会には見えないほど雰囲気が張り詰めている。

こうしたスケジュールをこなし、皆で慰労会を催すのであるがその時の皆の笑顔は素晴らしい。

筆者も参加を勧められるのであるが、「自主勉強会修了書」を作成して皆に手渡している。

このような勉強会は最初が肝心である。勉強することが慣例となれば後継者も同じことをするようになる。自分たちで考えて実行するという姿勢は、給食づくりと食育にどのように反映されてくるかは想像できよう。その一部を紹介してみよう。

5 自主勉強会まで行う新人職員による「市民向け食育」の光景を見せよう

「給食・食育財団」の食育活動の中に、市民を対象とする次の「食育二大行事」がある。

1）給食・食育フォーラム（給食や食に関わる講演、シンポジウム、大試食会）

2）新作メニュー発表会（職員のグループ別メニューを親子で審査→命名して給食メニューに。食育クイズや調理ショーなど）

この二大行事は栄養士と調理員の合作であるが、とりわけ新入調理員の活躍の場となる。

財団がスタートしてからの２年目の様子を写真で示しておこう。

(1)「給食・食育フォーラム」のスタート

まず「給食・食育フォーラム」の一場面であるが、これは講演、シンポジウムの後の大試食会の様子である。会場となった小学校の体育館を食堂に衣替えして、約200人の市民に地場産野菜をベースにした給食を提供しているところである。調理は近くの共同調理場で行い、シンポジウムの終了に合わせて配膳した。

給食・食育フォーラムのあとの地場産給食の試食会

給食は身近なことであっても、実際に食した人はほとんどいない。給食を知ってもらうには好都合なイベントである。

　この試食会の前の講演では、調理場の技能長が「調理場の１日」と題して、調理場における様子を映像で見せて解説している。調理場は市民にとって距離は近くても実は「遠いところ」である。その距離を除こうと試みる演題である。

　その後のシンポジウムでは、複数の農家の方にもパネリストになってもらって、農家の立場を市民に披露している。市民にとっては農家も近隣でありながら「遠い人々」になる。給食を理解してもらうには施設の案内や関係の方々との交流がなければならない。これを進行させていないと、食育への参加を呼びかけても閑散となってしまおう。

　これでお分かりのように、「給食・食育フォーラム」は話す方も聞く方も市民であり、武蔵野市の望ましい姿を給食・食育の立場から考えるというものからスタートしている。

(2)「新作メニュー発表会」での頑張り

　次の「新作メニュー発表会」の紹介に移ろう。

　このイベントも主役は市民である。給食・食育を理解して頂くために、職員が頭をひねり、市民が判定するという参加の仕方を思いついた。

　ここでも給食の試食を忘れてはいない。試食の体験があって初めて給食の話題や理解が進むものと考えている。

　写真①②③は試食と「新作メニュー審査」のアンケートを整理しているとき

写真①　食育の様子

に行われた食育の光景である。

新入調理員の活躍ぶりが伝わる映像であろう。

写真①②は食育の歌と振り付け指導をしているところ。保護者と子供たちの楽しそうな姿勢が伝わってこよう。

写真②　食育の歌と振り付け

写真③は調理員による包丁さばきを披露しているところである。こうした催しは市民の目を釘付けにする。給食調理員の存在が社会的に確実に認知される場面である。このようなチャンスを作っていくことが管理者の必須の仕事であるべきである。

写真③　調理ショー

調理員との交流という意味では、子どもたちへの調理実習も年間行事に入れている。

12月の半ばには各調理場で小学生向けの実習を行っている。

写真④〜⑦は、共同調理場の中で行う調理実習の場

写真④　調理実習

面である。調理場の中で行う実習の目的には、①調理施設や器具等を子どもたちに見せること、②保護者にも調理場の外から全体の雰囲気を見てもらう、ということも加えられている。

調理実習の良さは、作る過程を経てから食べるときのおいしさが格別であるということを体験することであろう。

実習後の子どもたちの食欲には目を見張るものがある。同時に保護者からの「おいしい！」と言う歓声には、予測していても笑顔が漏れるものである。

食育の方法に限りはない。

Ⅲの❷で明らかにしてあるような全国どこでも行われている食育から、地域や調理場ごとの独自のものまで数限りない。教育には決まった方法はないのである。したがって多くの自治体には参考になる独自の食育事例があるはずである。

写真⑤　包丁も使う

写真⑥　料理を待つ保護者

写真⑦　班分けして丁寧に指導

当財団でも、職員達が新たな食育方法を模索している。若手の新入職員による提案が出ることは我々の喜びである。自ら考え、自ら実行する食育を望んでいるのである。

その一つが、2012（平成24）年度から行われている「給食・食育フェスタ」である。

(3)「給食・食育フェスタ」の考案と開催

「給食・食育フェスタ」は給食に係わる多くのことを、市民に「見て、食して、学んでほしい」という職員の望みを実現させたものである。

会場は公民館であり、全ての部屋をフル活用して行う。このために、給食用の大きな回転釜も購入し、市民に給食調理の疑似体験を行ってもらう提案も現実のものにした。

実際に行われた内容を紹介しよう。

- 回転釜による調理体験。
- 給食ができるまでの仕事の流れの写真展示。特にこだわりの手作り給食を例にする。
- ふだん子どもたちが苦手とする食材を使った「一口試食」。好き嫌いを減らすために行う。
- 地場産食材による無農薬ジュースの試飲とレシピ提供。盛夏に開催するためのどを潤す目的も。
- 「大切な人との食事風景」の募集写真展の開催。
- 武蔵野市の「給食の歴史」を展示。
- 給食ができるまでに関わりを持つ人々のパネル展示。
- ゲームによる食育。例えば野菜350ｇぴったりチャレンジ、豆つかみによる箸の持ち方教室。
- 調理器具の展示展。
- 残さいの量が一年間にどれほどになるかを、見て理解できる方法で伝える「もったいない」の食育。

・味の違いを理解しよう。かつおの削り方体験とだしの試食と判別。
・農家の野菜等展示と販売コーナー。給食に食材供給などで関わりのある農家紹介写真も展示。
・魚のさばき方教室。新入調理員の中に有名和食店における勤務経験者がいる。その人物をリーダーとする。(写真⑧参照、高い人気を集める)
・スタンプラリーで市民を誘導し、全ブース修了の景品も用意。

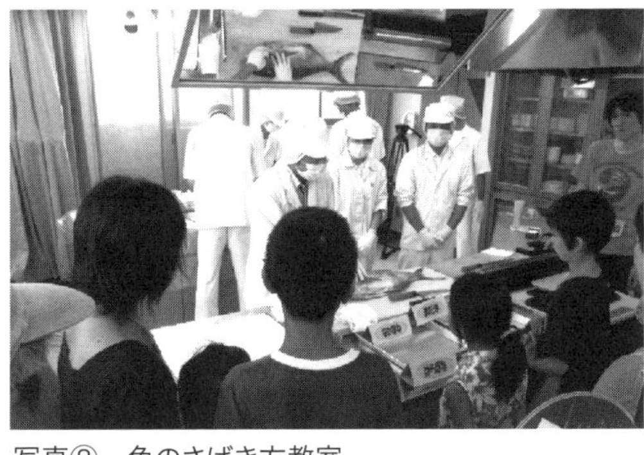
写真⑧　魚のさばき方教室

およそこのような「給食・食育フェスタ」である。

この催しは思いつきやすいが、実行するとなると準備と人手が要る。新入職員の全員を担当別にグループに分けし、その後時間を見つけては準備していかなければならない。

準備しながら考え、調べ、説明方法を作り上げていくという経緯の中で、職員自身が大切なことを学び、身につけていくことになった。

この催しを改善しながら数度続けていくと、いつでも市民に給食のお話ができるようになろう。

この「給食・食育フェスタ」こそ、給食を財団の運営にして実現しやすい食育活動といえる。その理由は、高い志を備えた多くの調理員の全てが歩調を合わせなければ実現できないイベントだからである。「給食・食育振興財団」の設立の意義を理解して頂くために、わかりやすい食育活動の事例であると思う。

6「給食・食育振興財団」の給食づくりのその他の特色

武蔵野市の給食・食育の紹介の終わりに、これまで触れていなかった特色をまとめておこう。

ここでの紹介は「給食・食育振興財団」が行っていることであるが、子どもたちの健康を優先して、それまでに築き上げてきた独自のやり方である。

(1) 手づくりの追求

まず自信を持って伝えられることは、手づくりの大切さを追求していることである。

写真⑨　シューマイづくり。手づくり重視。

調理品や半調理品の使用を抑えて、可能な限り職員による手づくり給食に徹している。だしを取ることは当然のことであるが、カレーのルー、ギョーザ、シューマイ、ジャムなども3,000人を超える共同調理でも手づくりでこしらえてしまう。写真はシューマイづくりの光景である。

とにかく労苦を厭(いと)わないという姿勢は貫いてきている。これが、可能な限り化学調味料や添加物等を排除しようという考えと符合している。

(2) 食材の選択にこだわり、地場産ものにこだわる

食材選びは地産地消が基本になっている。

毎月行われている「食材選定会」では教員や保護者も加えて、食味検査、産地チェックを行い、価格を考慮して使用する食材を決めていく。味付けなしの熱をかけただけの肉類や魚類を官能テストするのであるが、２時間近く

もやっていると評価に自信が持てなくなってくる。教師も保護者もこの経験を貴重なものとして受け止めてくれる。

写真⑩⑪はサケの選定の場面である。６つのサンプルが並べられ選定を行う。全てのメンバーが食してみて多数決で決めていく。

写真⑩　食材選定会。サケも6種類から選ぶ。

食材の選定には「武蔵野市の選定基準」が作られており、安全性の優先基準に従うので、当然国産食材から選ぶことになり、その結果として地産地消の割合を高めていくことになる。

写真⑪　食材選定会。2時間ほど試食→選定していく。

武蔵野市は横に長く、東京都のほぼ中央に位置しており、商業と住宅地域で占められる。その中で頑張り続けるわずかな農家との関係を構築して地場産野菜の利用を増やしてきた。農地を見つけるのが難しいほどの地域で、地場産率を30％近くまで高めているのは珍しいようである。

(3)　独自の「放射性物質検査機」をもつ安全性へのこだわり

武蔵野市は2012（平成24）年11月から放射性物質検査を独自に行っている。

簡易検査機ではなく、高度な性能を有する検査機を市で保有している。これは市民の安全確保と安心を第一に考える当時の教育長の判断によることであったが、議会での判断も評価しなければならない。

安心のためにはお金も厭(いと)わないという当然の考え方であるが、これが一般的であったわけではないことを付記しておこう。

この検査機によって、厳選された食材による給食全てを測定対象にしている。これまで基準を超えたものはなかったが、汚染食材が見つかればそれを発注しないという処置をとった例はある。

(4) 財団にしてまで食育にこだわる

食育への取り組みはすでに説明してきた。

財団の名称も「給食・食育振興財団」である。

食育に係われることを誇りに思う若者が集まり、また食育を行うことの大切さを教えている財団である。

説明を繰り返すのは避けて、次の写真だけを掲げておこう。

共同調理場に並べられた「給食車」である。

体の成長と健康に必要な食材と栄養別に色分けしたデザインを施してある。

写真⑫　食材と栄養別に色塗りされた給食車。給食課長の発案。このような仕事を市民は待望している。

この車が街中を走るわけであるが、その際にも給食の役割を市民に気付いてもらい、「食育車」の体裁に仕上げているというわけである。

これは財団のスタート直前に当時の給食課長が発案したものである。「働く車」に関連する書物によって、多くの子どもたちがこれを眺めている。

(コラム) 栄養士・調理員へのメッセージ

武蔵野市給食・食育振興財団理事、東京医療保健大学客員教授

長野美根先生（談）

給食は児童・生徒の大きな楽しみの時間であります。

年齢と活動を考慮した栄養計算と季節に合わせた献立作成は大変ですが、子どもたちの成長を考えれば重要な仕事と言えます。

2013年、ユネスコに和食が登録されましたが、給食は日本の食文化を維持していくのに大きな役割を果たしていくことになりましょう。

武蔵野市は多くの自治体で調理の民間委託を進めるなか、よくぞ財団運営にできたものだと感心しております。私も委員会の委員を務めておりましたが、市民の前向きな意見に感心しておりました。

武蔵野市はもともと給食づくりに色々と工夫を凝らしており注目しておりました。

素材にこだわり地産地消型給食を進めておりましたし、半調理品などの加工品を使用しない姿勢も評価できます。

食育に関しても前向きであると思います。

食育は行い方の検討と改良を怠ってはいけません。そのためには栄養士と調理員が一緒になって勉強会を続ける必要があります。

武蔵野市はそれを厭わずやってきたからここまで来られたし、財団設立の基礎になったのです。

子どもたちの健やかな成長に、これからも貢献していかれるよう期待いたします。

おわりに

身近にあるが、見えてこない。

よいものだと思うが、何がよいのか分からない。

誰でもできることをやっているに過ぎない、と思っていた。

学校給食に対するイメージは、おおよそこのようなものである。

それもそのはず、学校給食の現場を内側から見る機会がない。

栄養士からの「給食だより」だけが情報源というのが一般的であるが、それも多くは保護者にとってだけの話である。

栄養士や調理員と定期的に会える機会をもっている僅かな人は、食の大切さを知り、調理実習や試食会などで学び、人が知れば羨(うらや)むような生活を実現している。

これを見てきた筆者は、読者を学校給食の内側に案内し、身近なところに健康と食文化の拠点があることを知らせるべきであることを知ったのである。

本書を通じて、衛生管理や栄養所要量等の約束事を守りながら、大勢の子どもたちに、遅れることが許されない短い時間の中で作り上げる栄養士と調理員の役割が理解できたかと思う。

栄養士も調理員も「食」の安全性やバランスの大切さや楽しみ方を知る専門家である。

子どもたちの未来を想像する「食」のプロフェッショナルであるから、皆さんの近いところにいて、アドバイスや手ほどきを受けられるようになれば素晴らしいと思うのである。

学校給食に関心を強めることができれば、子どもたちの将来を勉学（知育）からだけではなく、運動と健康（体育）や食と健康（食育）の側面からも学校をうまく利用できるようになろう。

子どもの幸せの基礎を築くことは、振り返ってみれば保護者としての最大の喜びであり、慶事なのであると思う。そのための入り口が食育であり、大きな支援者になり得るのが学校給食の関係者なのである。

これらのことを本書によって知ることができ、皆さん方の心に新たなアクションのための何らかの芽生えがあれば、筆者としては感無量である。

本書は保護者だけを意識して著したものではない。

後半部分で、東京都武蔵野市の「給食・食育振興財団」の実態を紹介したように、給食に関わりをもつ方々の参考になることも願っている。

「給食・食育振興財団」の試みは日本で唯一のことでもあり、思案と前進の参考資料として眺めて頂ければ幸いである。調理場の民間委託が最終ゴールではなく、安全性や食育等の目的実現と利益項目なしの低コスト運営が他にもありますよ、と事例を提示してみたのである。

別の機会に論じたいと思うテーマが残されている。

学校給食に関連する問題は多いのである。

幾つか例を挙げると、近年猛威をふるうノロウィルス対策の再検討、給食費未納への対策、給食時間のあり方、給食の残り（残さ）の処理の仕方、牛乳を与える時間の変更など。

仕組みの改変で改善できる問題や、考え方を改めなければならないテーマが混在する。

まずは学校給食と市民との距離を縮める本書を世に出すことにしたい。

本書の存在が、皆様の目に留まることを願いつつ。

2015年1月24日

著者

付表　学校給食の歴史と社会

明治22年（1889年）	最初の学校給食。山形県鶴岡町（現鶴岡市）私立忠愛小学校（弁当を持ってこられない子ども達にお坊さんがおにぎり等を出す）
明治31年（1898年）	石塚左玄『通俗食物養生法』で食育を基本に据える。
明治36年（1903年）	村井弦斎『食道楽』（「徳育、智育、体育よりも食育がさき」）。
明治40年（1907年）	広島、秋田で学校給食を実施。
明治44年（1911年）	岩手県、静岡県、岡山県で学校給食を実施。
大正3年（1914年）	東京・私立栄養研究所が近隣の児童に学校給食を実施。
大正8年（1919年）	東京府直轄の小学校でパンによる学校給食を実施。
大正12年（1923年）	文部次官通牒で学校給食が奨励される。
昭和7年（1932年）	文部省訓令第18号「学校給食臨時施設方法」が定められる。国庫補助によって貧困児童救済のための学校給食が実施される。
昭和15年（1940年）	文部省訓令第18号「学校給食省令規定」が定められる。貧困児童だけでなく栄養不良、身体虚弱児も対象に含めた学校給食が実施。
昭和19年（1944年）	6大都市で特別配給物質による学校給食を実施。
昭和16年（1941年）	太平洋戦争開始で食料不足、給食の継続が困難になる。
昭和21年（1946年）	文部・厚生・農林の3省次官通達で「学校給食実施の普及奨励について」が出される。 12月24日、東京、神奈川、千葉で学校給食が開始。 現在12月24日は給食がないため、翌月の1月24日から30日まで学校給食週間。
昭和22年（1947年）	全国の都市の児童約300万人に対し学校給食を開始する。 米国からの無償供与の脱脂粉乳が学校給食で出される。
昭和23年（1948年）	食品衛生法の施行。
昭和24年（1949年）	ユニセフ（国際連合児童基金）からのミルク寄贈でユニセフ給食が開始。
昭和25年（1950年）	JAS法の施行。米国からの小麦粉寄贈で8大都市の児童の完全給食が開始。
昭和26年（1951年）	ガリオア資金（米国の占領地域救済資金）が6月で打ち切り。 国庫補助による学校給食の継続を要望する運動が全国的になる。
昭和27年（1952年）	小麦粉に対する半額国庫補助が開始される。4月から全国的に小学校での完全給食が始まる。

昭和 29 年（1954 年）	学校給食法が施行。 （給食は教育の一環。食事に対する正しい理解や習慣をはぐくむ。明るい社交性も養うとする。学校給食の実施が全国的に一層広まる）
昭和 31 年（1956 年）	学校給食法が一部改正されて、中学校にも適用されるようになる。 「夜間課程を置く高等学校における学校給食に関する法律」が公布。
昭和 32 年（1957 年）	「盲学校、ろう学校及び養護学校の幼稚部及び高等部における学校給食に関する法律」が公布。
昭和 33 年（1958 年）	文部省管理局長より「学校給食用牛乳取扱要項」が通知。脱脂粉乳から牛乳に代える。徐々に実施されていく。
昭和 36 年（1961 年）	僻地に対する給食の補助制度できる。
昭和 37 年（1962 年）	学校給食栄養所要量の基準が改定。
昭和 38 年（1963 年）	脱脂粉乳に対する国庫補助が実現。ミルク給食の全面実施が推進される。
昭和 39 年（1964 年）	学校給食への牛乳供給が本格化する。
昭和 39 年頃	コッペパンに加えて揚げパンなどの調理パンが出されるようになる。
昭和 40 年頃	ソフト麺が関東地方で出され始める。袋を開けて食す。
昭和 41 年（1966 年）	高度僻地学校に対するパン・ミルクの無償給食を実施。
昭和 45 年（1970 年）	コメ類利用の実験行われる。
昭和 46 年（1971 年）	体育局長より「学校給食の食事内容について」が通知。 標準食品構成が示される。
昭和 47 年（1972 年）	沖縄本土復帰で学校給食の予算が計上される。
昭和 51 年（1976 年）	米飯給食の位置づけが出される。
昭和 56 年（1981 年）	牛乳の容器がビンからパックに変わる。
昭和 60 年（1985 年）	文科省「学校給食業務の運営の合理化について」を通知。
昭和 63 年（1988 年）	余剰教室でのランチルームとしての使用が国の予算に計上。
平成元年（1989 年）	学校給食 100 周年。
平成 6 年（1994 年）	コメの不作のために自主流通米が学校給食で使われる。（それまでは国の管理米が使われる）
平成 7 年（1995 年）	阪神大震災で学校給食施設を利用しての炊き出し行う。
平成 8 年（1996 年）	O-157 食中毒事件発生→HACCP（危害分析重要管理点）できる。
平成 9 年（1997 年）	「学校給食衛生管理基準」の制定。
平成 10 年（1998 年）	学校栄養職員による「食に関する指導」の推進。

平成 12 年（2000 年）	「健康日本 21」の策定。「食生活指針」の決定。 自主流通米が学校給食で使えるようになる。BSE（牛海面状脳症）が日本で発生→トレーサビリティ法の施行。
平成 14 年（2002 年）	「健康増進法」の施行（「健康日本 21」の補強）。アレルゲン（卵、小麦、そば、乳、落花生）の表示義務。
平成 16 年（2004 年）	「食に関する指導体制の整備について」の答申が出される。
平成 17 年（2005 年）	栄養教諭制度の実施。「食事バランスガイド」の公表。「食育基本法」の施行。
平成 18 年（2006 年）	「食育推進基本計画」を制定 →食育推進全国大会（毎年 6 月各地で）、食育月間＝6 月。食育の日＝毎月 19 日
平成 20 年（2008 年）	小・中学校における学習指導要領が改訂。総則に「学校における食育の推進」が明記。様々な農業体験活動が推進されるようになる。
平成 21 年（2009 年）	学校給食法の改正（栄養補給に加えて「食育」を加える）。
平成 22 年（2010 年）	アレルゲン（エビ、カニ）の表示義務
平成 23 年（2011 年）	「第 2 次食育推進基本計画」が策定。平成 27 年度までの 5 カ年計画。朝食の欠食ゼロへ、地場産ものの活用を 30％以上（平成 24 年度の全国平均 25.1％）に、が盛り込まれる。
平成 25 年（2013 年）	文部科学省と農林水産省、学校給食において国内産食材の活用推進を通知。平成 27 年度までに 80％以上を目標にする（食材ベース）。 文科省、給食の 1 食あたりエネルギー量を 20〜30kcal 減らす決定（肥満対策）。

索引

あ

か

さ

た

な

は

ま

や・ら・わ

【著者略歴】

佐々木 輝雄［ささき　てるお］

一般財団法人武蔵野市給食・食育振興財団理事長
学校法人日本医科大学　日本獣医生命科学大学教授

食生活、農業、生態系から経済社会を研究
食品市場論、食品経済論、食品企業の戦略と倫理などの講義を担当

〔主要著書〕
『食からの経済学』勁草書房、1994年
『地球経済学入門』勁草書房、1998年
『「年中行事から食育」の経済学』筑波書房、2006年
『生態系から地球を守る経済学』筑波書房、2009年
『「食」から見直す日本 〜人を知り社会を心配する食育講座〜』創森社、2012年。
その他多数

学校給食の役割と課題を内側から明かす
全国初の「給食・食育振興財団」（東京都武蔵野市）の紹介も

2015年3月3日　第1版第1刷発行

著　者 ◆ 佐々木 輝雄
発行人 ◆ 鶴見 治彦
発行所 ◆ 筑波書房
東京都新宿区神楽坂2-19 銀鈴会館 〒162-0825
☎ 03-3267-8599
郵便振替 00150-3-39715
http://www.tsukuba-shobo.co.jp

定価は表紙に表示してあります。
印刷・製本＝平河工業社
ISBN978-4-8119-0461-0　C0037